创业者社会特质
对创业成功的作用机制研究

王凤　著

中国金融出版社

责任编辑：吕　楠
责任校对：孙　蕊
责任印制：陈晓川

图书在版编目（CIP）数据

创业者社会特质对创业成功的作用机制研究／王凤著．--北京：中国金融出版社，2024.6．--ISBN 978-7-5220-2454-7

Ⅰ.F241.4

中国国家版本馆 CIP 数据核字第 2024HV1092 号

创业者社会特质对创业成功的作用机制研究
CHUANGYEZHE SHEHUI TEZHI DUI CHUANGYE CHENGGONG DE ZUOYONG JIZHI YANJIU

出版
发行　**中国金融出版社**

社址　北京市丰台区益泽路 2 号
市场开发部　（010）66024766，63805472，63439533（传真）
网 上 书 店　www.cfph.cn
　　　　　　　（010）66024766，63372837（传真）
读者服务部　（010）66070833，62568380
邮编　100071
经销　新华书店
印刷　涿州市般润文化传播有限公司
尺寸　169 毫米×239 毫米
印张　11.5
字数　189 千
版次　2024 年 6 月第 1 版
印次　2024 年 6 月第 1 次印刷
定价　89.00 元
ISBN 978-7-5220-2454-7
如出现印装错误本社负责调换　联系电话（010）63263947

前　言

创业是推动经济发展，激发创新活力，缓解就业压力，促进社会稳定与发展的有效举措，同时也是创业者实现人生价值，获得成就感和幸福感的重要职业抉择。我国在"大众创业，万众创新"的战略支持下，创新创业活动蓬勃发展，创业成为不少人的理想职业选择之一。但创业成功率不高的现实使得如何有效提高创业成功率成为当前的重要课题。创业者社会特质是创业者区别于非创业者的社会化属性，是创业者在学习、生活和工作等社会化过程中形成的创业特质，也是创业者的重要资源禀赋。与强调天性使然的自然属性的个体特质相比，创业者社会特质具有更好的塑造性，因而对创业成功具有更大意义。它通过影响创业者的决策思维和行为方式来影响创业机会的识别、开发、发展并最终对创业成功产生影响。本书研究创业者社会特质对创业成功的作用机制，主要探讨以下问题：第一，创业成功是否受到创业者社会特质的作用？第二，创业者社会特质对创业成功的内在影响路径有哪些？创业机会在创业者社会特质与创业成功之间起什么作用？第三，环境不确定性对创业成功有何作用？

本书以创业者为研究对象，采用半结构化访谈、小规模问卷预调研和大规模问卷调研的方式，研究创业者社会特质、创业机会、创业环境不确定性与创业成功之间的关系，通过理论研究和实证研究，为丰富相关变量的研究做出了有益探索。第一，本书通过梳理创业相关理论、组织印记理论、人职匹配理论等，结合访谈情况，概括了创业者社会特质和创业机会的内涵、维度及作用。第二，从当前市场竞争激烈，创业环境存在不确定性的现实出发，将创业环境不确定性作为调节变量，构建创业者社会特质—创业机会—创业成功的有调节的中介路径概念模型，并提出了相关假设。第三，对创业者进行调研，回收 620 份有效问卷，结合半结构化访谈情况，通过构建结构方程模型、信度分析、效度分析、相关分析、回归分析以及 Bootstrap 分析等方法，对35个研究假设进行检验。第四，在分析检验结果的基础上提炼归纳本研究的结论，总结本书的理论贡献和实践启示，并在分析研究局限的基础上指出未来研究方向。

本书数据分析结果表明：第一，创业者社会特质及其四个维度对创业成功均有显著的正向影响。第二，创业机会在创业者社会特质及其四个维度与创业成功之间存在部分中介效应。第三，创业环境不确定性正向调节创业机会在创业者社会特质与创业成功之间的中介效应，环境不确定性对创业机会与创业成功关系的调节效应假设部分成立。

本书从创业者社会特质视角出发，整合"特质论"和"机会观"，以创业相关理论、组织印记理论、人职匹配理论为基础，研究创业成功，提出"人—机匹配"能促进创业成功，构建创业者社会特质—创业机会—创业成功的有调节的中介关系模型，验证相关研究假设，为促进创业成功提供理论参考和实践依据。其意义在于：第一，首次从具有一定可塑性的创业者社会特质视角研究创业成功，拓展了创业者特质与创业结果关系的研究，推动了特质研究的新发展，开启了创业成功研究的新视角。第二，揭示创业者社会特质、创业机会、环境不确定性对创业成功的内在作用机制，探索创业成功的路径，丰富了创业成功前因变量研究，同时对如何获得创业成功、如何开展创业教育具有现实指导意义。第三，首次提出从动态视角将创业机会划分为机会识别、机会开发、机会发展三个维度，并实证分析它们在创业者社会特质与创业成功之间的中介效应，改变了重视机会识别，但不够重视机会开发、发展的研究现状，凸显了机会开发、发展的研究地位。第四，验证环境不确定性在创业机会与创业成功之间的调节作用以及对创业机会中介作用的调节作用，对创业者识别开发机会以及新创企业应对环境不确定性具有参考借鉴意义。第五，强调创业过程中要通过"人—机匹配"促进创业成功，实现了创业研究"特质论"和"机会观"的整合，是对以往研究割裂"特质论"和"机会观"做法的一种改进。

目 录 | Contents

第1章　绪　论 ……………………………………………………… 1

  1.1　研究背景 ……………………………………………………… 1

  1.2　研究目的 ……………………………………………………… 3

  1.3　研究意义 ……………………………………………………… 5

  1.4　研究的主要创新 ……………………………………………… 8

  1.5　研究方法和技术路线 ……………………………………… 10

  1.6　论文结构 …………………………………………………… 12

第2章　理论基础与文献综述 …………………………………… 15

  2.1　理论基础 …………………………………………………… 15

  2.2　创业者社会特质相关研究 ………………………………… 23

  2.3　创业成功相关研究 ………………………………………… 37

  2.4　创业机会相关研究 ………………………………………… 42

  2.5　创业环境不确定性研究 …………………………………… 55

  2.6　本章小结 …………………………………………………… 58

第3章　创业者社会特质对创业成功的影响机理分析 ………… 59

  3.1　概念模型 …………………………………………………… 59

  3.2　创业者社会特质与创业成功的关系 ……………………… 60

  3.3　创业机会在创业者社会特质与创业成功之间的中介作用 …… 70

3.4　创业环境不确定性的调节作用 …………………………………… 83

3.5　本章小结 ……………………………………………………… 89

第4章　实证研究设计 ………………………………………………… 90

4.1　研究模型 ……………………………………………………… 90

4.2　访谈设计 ……………………………………………………… 91

4.3　变量测量 ……………………………………………………… 93

4.4　问卷形成与发放 …………………………………………… 103

4.5　本章小结 …………………………………………………… 107

第5章　数据分析及结果讨论 ……………………………………… 108

5.1　统计分析方法 ……………………………………………… 108

5.2　描述性统计分析 …………………………………………… 109

5.3　信度与效度分析 …………………………………………… 115

5.4　假设检验 …………………………………………………… 130

5.5　研究结果 …………………………………………………… 155

5.6　本章小结 …………………………………………………… 157

第6章　研究结论、启示及研究展望 ……………………………… 159

6.1　研究结论 …………………………………………………… 159

6.2　研究启示 …………………………………………………… 168

6.3　研究局限及展望 …………………………………………… 171

参考文献 ………………………………………………………………… 173

第1章 绪 论

1.1 研究背景

创业已成为世界经济发展的重要推动力量，在推动产业结构调整，促进创新，增加就业等方面发挥了重要作用；同时，在促进创业者积累财富，实现个人价值方面也发挥了重要作用（张秀娥、张宝文，2017）。中国在"大众创业，万众创新"的战略支持下，创业热情高涨，创业活动高度活跃。全球创业观察（GEM，2017—2018 年）的研究数据显示，我国早期创业活动指数达到 9.9%，高于英国（8.4%）、瑞典（7.2%）、西班牙（6.2%）等国家。创业成为一种职业选择（张宝文，2018；陈建安等，2014），中国 18~64 岁年龄段的劳动人口中超过三分之二的人在选择理想职业时倾向于创业。

然而与活跃的创业活动形成鲜明对比的是创业失败率高，创业失败的比比皆是，创业失败后跑路跳楼、妻离子散的悲剧不时上演。新创企业成功的概率仅为 10%~15%，创业三年失败的比率达 54.11%，其中第一年就遭遇失败的占 41.43%。上海创业力评鉴中心研究数据（2018 年）显示，我国近 70% 的中小企业五年内会倒闭，创业失败率达 90%。如何成功创业是学术界和理论界共同关注并有待深入探讨的问题，开展创业成功研究是创业实践的迫切现实需要。

当前创业研究有两种主要视角，即创业者特质视角和创业机会视角。Daryl G. Mitton（1997）指出，创业者本身就是开展创业研究最好的载体和切入点。创业者特质对创业目标、创业者、创业资源和创业机会等创业核心要素产生主导作用，对创业行为、管理风格以及企业绩效具有普遍的影响。学者们普遍认为，从创业者特质视角研究创业具有可靠性。成就需要、控制点、自我效能、冒险倾向、家庭影响、教育影响等创业者特质是创业行为和创业成功的重要前提（贝蒂，2012）。探究成功创业应该回溯到创业者视角（董保宝，2014），以创业者特质为切入点探究创业成功已得到很多学者的认同和重

1

视（张玉利，2010）。

不少研究致力于总结、描述成功创业者的特征、特质。Daryl G. Mitton（1997）通过长期跟踪调查，认为创业者具有以下共同点：①是事业蓝图的描绘家；②始终追求巨大和持久的改变；③乐意接受挑战；④喜欢竞争；⑤善于系统思考和行动；⑥行动果断；⑦善于积累经验。德国经济"创业协会"通过对近百名创业成功者的跟踪调查，发现成功的创业者具有以下共同特征：广博的知识、崇高的理想、健康的身体、概念化能力、迎接挑战、控制欲望、脚踏实地、情绪稳定、自信、紧迫感、客观的人际关系态度等。Groves、McGuire、Drost 和 Kwong（2007）指出，成功的创业者往往有非线性的思维、积极主动型人格特质。

此外，学者们还积极研究创业者特质对创业的影响，着重探讨了创业者的成就需要（刘振华，2007；林嵩，2009）、内控性（姜红玲、王重鸣、倪宁，2006；刘振华，2007）、创新性（林嵩，2009；姜红玲、王重鸣、倪宁，2006）、风险承担能力（刘振华，2007；林嵩，2009）、模糊容忍性、创业韧劲和创业激情等特质对创业的影响。

除了从创业者特质视角研究创业外，一部分学者从创业机会视角进行创业研究。Shane 是创业机会论的提出者和代表者，他（2000）提出创业就是以机会为核心展开的过程，此后，创业机会研究得到学者们的重视，创业机会识别成为最重要的研究议题，机会论的核心地位逐步得以确立，这为创业研究找到了新的理论基础。Busenitz 指出，未来的创业研究应在机会及相关领域开拓，深入分析机会与创业的其他主要因素之间的关系，以深入揭示创业活动中新价值创造的内在特征（林嵩，2007）。

大多数学者或从创业者特质视角或从创业机会视角开展创业研究，但也有少数学者提出应将特质论和机会论结合进行研究，国内学者田毕飞、吴小康等（2011）在文献分析的基础上，主张从特质论与机会论结合的视角，探讨创业者的性格特质对机会识别的影响。张爱丽（2011）从个人因素和机会因素匹配的视角，构建机会识别的理论模型。

文献分析发现，创业者特质和创业机会都是影响创业成功的重要因素，它们之间的关系及作用机制等问题值得深入研究，具体来说有以下几个方面。

一是创业者社会特质值得深入研究。强调创业者自然属性的个体特质对创业的影响受到了学者们的广泛关注，而凸显创业者社会化属性的创业者社会特质鲜有人关注。但事实上，社会化是特质发展的重要基础，创业者在社会化过程中，会形成一些独有的特质，这些特质体现特定的社会化过程烙印，具有显著的社会化特征，被称为创业者的社会特质（周键，2017）。创业者社会特质是影响创业者决策的重要因素，又因其具有相对持久性，且可在创业过程中得以发掘与培育，因而对于创业成功具有更大的意义，必须予以高度关注。

二是大多数研究认为创业者特质对创业成功有积极的影响，但其对创业成功的内在作用机制没有得到深入研究。现有研究往往关注于创业者特质和创业成功之间的直接关系，而很少具体分析创业者特质和创业成功之间的中介效应，少有分析创业者特质是如何促进创业成功的。

三是少有从特质论和机会观结合的视角去探讨创业及创业成功。极少数学者从个人因素和机会因素匹配的视角，关注创业者特质与创业机会识别的结合并提出了理论模型，但相关的有效实证研究缺乏，特别是，创业者特质与创业机会开发的结合及其影响有待进一步探讨。

四是对创业机会变量的研究有待深入。现有研究关注到了创业者特质会影响创业机会识别进而影响创业成功，但缺乏对创业者特质、创业机会开发、创业机会发展、创业成功之间关系的研究。

五是对创业成功的内涵与测量的研究有待深入。研究如何促成创业成功，首先必须明确创业成功的内涵和测量。现有研究对创业成功的内涵界定不一，测量方式也各不相同。有的研究将创业成功理解为新创企业的成功，有的研究甚至直接将创业成功等同于创业高绩效，片面地用销售额、市场占有率、净利润等经济指标衡量创业成功。对创业成功的内涵界定过于简单片面，导致对创业成功的测量维度也比较单一片面。这样无法全面深刻地阐述创业成功的多维度内涵，也不利于创业成功的量化研究的深入。

基于以上分析，有必要关注创业者的社会特质，探讨其对创业成功的作用。本书聚焦于创业者社会特质，考虑到创业者特质与创业机会的整合，综合运用创业相关理论、人职匹配理论、组织印记理论和资源理论等，研究分析创业者社会特质、创业机会如何作用于创业成功，以及其作用是否受到环境不确定性的调节。

1.2　研究目的

通过现实走访和文献梳理表明，尽管创业者们热情高涨，但真正走上创业之路以后，一些创业者创业挫败感增强，创业成功率比较低。访谈中创业者们表达了对创业成功的不同理解和不懈追求，特别强调市场洞察力、创业经验、社会资本、信心、信誉以及创业机会对于创业成功的重要性，鉴于此，本书认为涵盖创业信心、创业经验等内容的创业者社会特质及其与创业机会的匹配都会影响创业成功，并以创业者社会特质为切入点探究创业成功，整合"特质论"和"机会观"，构建以创业机会为中介变量，以环境不确定性为调节变量的创业者社会特质——创业成功的作用机制研究模型，提出相关假设，利用调查数据对其进行实证检验，以深入了解创业者社会特质对创业成功的作用机制，为创业成功提供理论参考和实践依据。

第一，探究创业者社会特质及其对创业成功的作用。创业者特质并非完全先天遗传，而会在创业者的社会化过程中得以培育和发展。创业是一个社会化过程，本书从社会化视角研究对创业成功具有重要意义的创业者社会特质。本书通过文献研究和半结构化访谈，探究创业者社会特质的内涵及其维度，构建受创业环境不确定性调节，以创业机会为中介的创业者社会特质对创业成功的作用机制模型，通过实证研究的方法，验证创业者社会特质及其维度对创业成功的内在影响机制。

第二，从创业者视角更全面深刻地解读创业成功。当前对创业成功的解读莫衷一是，本书认为，创业者将创业作为一种职业并追求职业成功，创业组织绩效往往只是其追求职业成功的主要手段而非最终目的，创业成功应有更丰富深刻的内涵。从创业者视角解读创业成功，其不仅限于创业高绩效，还应体现创业者个人的职业目标实现，这涉及生活方式的满意程度、个人价值的实现、情怀的追求等多个方面。因而，本书主张从创业者职业成功的视角解读创业成功，通过选择合适的创业机会来实现人职（机会）匹配，不仅能够促进新创企业组织绩效的提升，还有利于创业者个人职业满意度的提升，进而推动创业可持续发展，最终实现创业成功。

第三，研究创业机会及其对创业成功的作用。创业是围绕创业机会的识别、开发、利用而展开的过程。现有研究主要是基于机会的特征对创业机会进行维度划分进而分析其对创业的影响。确实，创业是对机会的追逐，而机会又是动态迭代发展的，所以应从动态视角理解创业机会的内涵并对其进行维度划分和测量，进而探究其在创业者社会特质和创业成功之间的作用。

第四，分析创业环境不确定性是否会调节创业机会与创业成功之间的关系。本书试图从动态性和敌对性两个维度分析创业环境不确定性对创业机会与创业成功关系的调节效应，以期丰富创业成功理论研究，更好地指导创业实践。

1.3 研究意义

1.3.1 理论意义

本书从特质论和机会观结合的视角，以创业机会为中介变量，考虑外部创业环境不确定性的调节效应，探索创业者社会特质对创业成功的作用机制，丰富了创业理论的研究，具有重要理论意义。

第一，本书凸显了创业者社会特质在探析创业结果中的研究价值。创业者在创业过程中居于核心、主导地位，其重要性得到了学者们的普遍认同。学者们高度重视创业者特质研究，但多数强调创业者与生俱来的个体特质的识别及其对创业的影响，少有对创业者社会特质的研究，但创业者是社会化主体，需要在创业活动这个社会化过程中，与外界进行信息交换和交往互动。创业者社会特质是其社会化过程中得到发掘和培育的创业者的社会化属性，受社会活动的影响大，是影响创业者决策的重要因素，又因为这些特质具有相对持久性，且可通过社会化加以改进、培育，因而对于创业活动具有更大的意义。本书探析了创业者社会特质的具体概念内涵、特征维度以及创业者社会特质对于创业成功的作用机制。这是对创业者特质理论的有力补充和发展，也为创业成功研究提供了新的视角，进一步提升了创业者社会特质在探析创业结果中的研究价值。

第二，本书深化了对创业机会的研究。具体而言，深化了对创业机会内涵和作用的认识，提出了对其进行量化研究的具体方法，彰显了创业机会开发、发展在创业研究中的地位作用。以往对创业机会的维度划分主要是基于机会特征的静态划分，本书从创业过程的动态视角将创业机会具体划分为创业机会识别、创业机会开发、创业机会发展三个维度，并对其进行测量、验证，发现创业机会（识别、开发、发展）在创业者社会特质与创业成功之间发挥着部分中介作用。创业机会识别包括价值性识别和可行性识别，其中，价值性识别又包括盈利性识别和非经济性价值识别（如个人价值实现、情感偏好等），彰显与以往研究只强调盈利性识别的不同；可行性识别中，强调从人职匹配的视角，实现创业者资源与创业机会的匹配。本书还突出了创业机会开发和创业机会发展的研究地位。创业机会开发是将商业概念转化为商业实践进而创建企业的过程，是创业者获得回报，达成创业目的的关键环节，但是学者长期以来不够重视对创业机会开发的理论和实证研究；创业机会发展是新企业创建后的运营管理，是新创企业可持续发展进而获取成功的不可或缺的环节，其与成熟企业的运营管理不同，但鲜有人关注，这不利于从机会视角和过程视角研究创业成功。本书从过程视角出发，明晰创业机会开发、创业机会发展的概念，发掘二者的内涵，通过实证研究探讨其对创业成功的作用，为后续相关研究提供理论参考和实证依据，彰显了二者的研究地位。

第三，本书丰富了创业成功的研究。创业成功的内涵研究方面，过去很多学者从管理学角度将创业成功解读为创业组织高绩效，这压缩了创业成功理论维度，不利于对创业进行实证研究（张宝文，2018）。本书认为创业是创业者的一种职业选择，因而，可从职业成功的角度解读创业成功的内涵，又因为创业者的职业成功离不开新创企业的组织成功，因而创业成功内涵的解读还需要兼顾新创企业的组织成功，因此，本书认为创业成功的内涵应当包括两个维度，一个是创业者的职业满意度，另一个是新创企业的绩效，二者皆不可偏废。创业成功的测量研究方面，本书认为应从新创企业绩效和个人职业满意度两个角度测量创业成功，既关注创业的客观方面的经济性价值，又关注创业者自身对创业价值（包括非经济性价值）的认同。诚然，创业绩效是创业成功的重要内容，却并非全部。片面地将创业成功等同于新创企业绩效，不能全面反映不同创业者创业动机多元化的现实。同时，对同一个创业者来说，其创业目标也是多元化的，在追求创业绩效这个主要目标的同时，还会兼顾其他一些目标，比如社会声望、灵活机动的工作安排、自我主宰事业的操控感以及想要的生活方式等，如果仅用创业绩效去衡量创业结果，衡量创业目标的实现，难免失之偏颇。因而，除了借鉴国内外成熟的量表对新创企业组织绩效进行测量外，本书还结合访谈的情况，开发题项对创业者的职业满意度进行测量，如"我对目前职业总体目标的实现感到满意""我对目前的收入增长感到满意""我对目前的职业成长与进步感到满意""我对目前的人生价值实现感到满意""我在所属行业有较高的知名度""我在所属行业有较高的声望"题项的有效性得到样本数据的验证。创业成功的影响因素研究方面，本书将创业者社会特质作为自变量，构建受到环境不确定性调节的创业者社会特质—创业机会—创业成功的关系模型，并通过620份问卷数据探讨其对创业成功的影响，分析验证其作用机制。这三个方面的研究，既丰富了创业成功的理论研究，又推动了创业成功的实证研究的开展。

第四，本书整合特质论和机会观视角，基于人职（机）匹配理论，以创业机会为中介变量，考虑外部创业环境不确定性对创业活动及成效的调节效应，探索创业者社会特质作用于创业成功的具体路径，是创业成功研究的新尝试。创业者特质研究和创业机会研究是当前创业研究的两个主流方向，二者从各自视角进行创业探究，但鲜有从整合特质论和机会观的视角去探讨创业及创业成功的。本书从人职匹配理论出发，探讨创业者社会特质如何通过创业机会来促进创业成功，提出实现创业者和机会的匹配能够促进创业成功，因而，一方面，创业者应选择和自身相匹配的创业机会进行创业；另一方面，创业者也可根据把握创业机会的需要发掘、培育自身的创业社会特质。

1.3.2 现实意义

第一，本书揭示了成功创业的路径，有利于创业者提高成功创业的可能性。

本书揭示了创业者社会特质对创业成功的作用机制，其会受到创业机会的部分中介作用和创业环境的调节作用。研究表明创业者社会特质及其四个维度均对创业成功产生正向作用。创业机会及其三个维度（机会识别、机会开发、机会发展）也会促进创业成功。因而，对创业者来说，可以通过培育自身的社会特质（创业警觉、创业自我效能感、先前经验、社会资本），培养创业机会（识别、开发、发展）相关能力来提高创业成功的可能性。本书认为实现创业者和机会的匹配能够促进创业成功，因而，一方面，创业者应选择和自身相匹配的创业机会进行创业；另一方面，创业者也可在把握创业机会的过程中发掘与培育所需社会特质。此外，本书的研究结果显示，外部环境的动态性增强了创业机会对创业成功、创业机会识别对创业成功的促进作用，这启示我们应正确面对变化，从变化中寻求机会，充分地利用变化，以促进创业成功。

第二，本书有助于创业者更全面深刻地理解创业成功的内涵，提升创业成就感和幸福感，进而促进创业成功。当前，大多数人将创业成功等同于新创企业绩效，等同于新创企业成功，诚然，这是创业成功的重要内容，但并非全部。现实中，有种成功叫"别人眼中的成功"，他人眼中的成功创业人士，创业企业绩效好，发展好，可创业者自己或因有悖初衷，或因厌恶某种生活方式，或因某些价值未得以较好实现、某个目标未能达成而导致价值认同感差，成就感低，甚至自认为很失败。创业作为一种职业选择，不能唯绩效是图，创业成功首先是创业者自己眼中的成功，是创业者追随内心声音道路上的满意绩效回报。因而，创业成功还应关照创业者内心价值的实现、目标的达成，关照创业者的自我认同。基于这种创业成功解读，创业者不会因为横向比较下的创业绩效平平而妄自菲薄，丧失前进的信心和动力，而是看到自己的成长与进步，坚定地追随自己的内心，走自己的创业之路；也不会因为创业绩效好而妄自尊大，迷失前进的方向和初衷，高绩效回报只会增加其信心和动力，促使创业者朝着更远大的目标，走出更辉煌的创业之路。这种解读有利于创业者平复内心，坚定信念，胜不骄，败不馁，持续获得前进的动力，增强创业获得感、成就感和幸福感，进而促进创业成功。

第三，本书给出了对创业环境利用和开发的方法论。本书将创业环境不确定性划分为敌对性和动态性两个不同维度，发现创业环境不确定性正向调节创业机会与创业成功之间的关系，启示我们应提升机会相关能力来应对环境的不确定性；再如，创业环境动态性正向调节突破创新式机会开发与创业成功的关系，这意味着在动态性较强的环境下，更需要通过开发创新程度较高的突破创新式机会来获取创业成功。这为创业者更好地应对创业外部环境提供了理论参考。此外，研究中发现环境敌对性负向影响创业成功，这就启示我们，政府应营造宽松友好的创业生态环境，促进地区创业企业成功；创业者应远离敌对性环境或采取收缩战略来应对敌对性环境。

第四，本书研究还为创业教育提供了新的启示。本书研究表明创业者社会特质及其各维度、创业机会及其各维度对创业成功都有促进作用，这为创业教育提供了新的启示，各高校和创业教育培训（孵化）机构，应通过开设课程、搭建平台等多种方式，着重培育创业者的创业警觉、创业自我效能感、先前经验、社会资本等社会特质，培养创业机会相关能力。

1.4 研究的主要创新

本研究的创新之处主要有以下几个方面。

第一，视角上的创新，本书首次从创业者社会特质视角研究创业成功，是创业成功研究视角上的创新。创业者特质对创业活动及创业成功具有重要影响，这得到了学者们的普遍认同，但并没有研究从社会化的视角关注创业者特质对创业成功的作用。创业者社会特质是创业者特质的重要组成部分，是创业者区别于非创业者的社会化属性。创业活动是一个社会化过程，创业者在这个过程中不断与外界进行社交互动和信息交换并主导创业活动，其社会特质通过影响创业决策和创业行为从而对创业过程和创业结果产生重要影响。与强调天性使然的创业者个体特质相比，创业者社会特质能在创业者的社会化过程中得以培育和发展，因而，对促进创业者创业成功具有更大意义。本书以创业者社会特质为切入点，对其内涵、维度及其对创业成功的作用进行较为系统的研究。结合创业的社会化特性和创业者特质理论，本书构建、验证了创业者社会特质的四个维度：创业警觉、创业自我效能感、先前经验和社会资本。其中，创业警觉代表创业者对所要进入行业领域以及市场环境的敏感程度和察觉力；创业自我效能感代表创业者对于创业成功的自信程度；先前经验代表创业者创业之前的隐性知识和技能的积累程度，社会资本代表创业者整合社会资源的可能性。在此基础上，本书进一步分析、验证了创业者社会特质及其四个维度对创业成功的作用机制。这是对创业者特质理论的补充和发展，也为创业成功研究提供了新的视角和切入点。

第二，理论方面的创新主要体现在以下三个方面。

首先，本书以人职匹配理论为基础，认为创业过程中的人职匹配包括以下两个层面：（1）个体是否适合创业，即创业者的人格特征、能力倾向、兴趣爱好、价值观念等是否适合创业。（2）人—机是否匹配，即创业者人格特征、能力倾向、兴趣爱好、价值观念、目标追求等是否与所选择的机会因素（包括机会特征、时间窗口、所属领域、经济性价值、非经济性价值等）相匹配。如果这两个层面都匹配了，那么创业过程就实现了人职匹配。本书重点关注"人—机匹配"，认为创业者应选择合适的机会以实现"人—机匹配"，进而促进创业成功。

其次，在上述基础上，整合"特质论"和"机会观"开展创业成功研究，以创业者社会特质为自变量，以创业机会为中介变量，构建创业者社会特质—创业机会—创业成功的受创业环境不确定性调节的关系模型，提出相关假设，并对其进行实证检验，探究了创业者社会特质对创业成功的作用机制。这拓展了创业者特质与创业结果关系的研究，既是特质研究的新发展，也是创业成功研究的新内容。

最后，从动态视角解读创业机会的内涵，提出创业机会的三个维度并探讨其作用机理，深化了创业机会研究。与以往研究基于机会的特征进行维度划分不同，本书率先提出从动态过程视角将创业机会具体分为创业机会识别、创业机会开发和创业机会发展三个维度，明确相关概念及测量方法，并探讨其在创业者社会特质和创业成功之间的作用。研究表明创业机会及其三个维度在创业者社会特质和创业成功间产生部分中介作用。在本书构建的创业成功理论模型中，创业机会识别包括价值性识别和可行性识别两个方面，价值性识别既包括盈利性识别又包括非经济性价值识别，彰显与以往研究中常用的盈利性识别的不同；可行性识别中，强调从人职匹配的视角，实现创业者资源与创业机会的匹配。本书还突出了创业机会开发和创业机会发展的研究地位。创业机会开发将商业概念转化为商业实践，是创业者获得回报，达到创业目的的关键环节，但是目前学者对于创业机会开发并没有足够重视；创业机会发展是新企业创建后的创业运营管理，是新创企业可持续发展进而获取成功的不可或缺的环节，其与成熟企业的运营管理不同，但鲜有人关注；显然，这不利于创业机会理论和实证研究的发展。本书从过程视角出发，明晰创业机会开发、创业机会发展的概念，发掘二者的内涵，通过实证研究探讨其在创业机会与创业成功之间的作用，也为后期相关理论研究和实证研究提供了依据，凸显了二者的研究地位。

第三，实践方面的创新，基于对创业者社会特质可以在创业者的社会化过程中得以培育和发展的认识，以及创业者社会特质对创业成功作用机制的实证研究，本书的研究结论对创业教育的开展和创业成功路径的探索具有重要的实践指导作用，即应着重加强对创业者社会特质的培育和发展，以提高创业成功率。此外，基于创业情境理论，分析了创业环境不确定性对创业机会与创业成功关系的调节效应及其对创业机会在创业者社会特质与创业成功之间中介作用的调节效应，深化了社会特质与创业结果之间的理论和实证研究，获得了一些新发现：一是创业环境动态性正向调节创业机会识别对创业成功的影响，这启示我们应该提升机会识别能力来应对环境的动态性；二是动态性正向调节突破创新式机会开发与创业成功之间的关系，这启示我们，在动态性水平高的环境中，应采用突破创新式的机会开发方式，通过更高程度的创新谋求发展，促进创业成功；三是环境动态性增强了创业机会对创业成功的正向关系，这启示我们不要拒绝惧怕动态性环境，而应主动拥抱动态性环境创业，通过提升创业机会相关能力来应对动态性环境。这些发现对创业过程中如何应对环境不确定性具有指导作用。

1.5　研究方法和技术路线

1.5.1　研究方法

本书主要是对创业成功和创业者社会特质之间的关系进行验证。首先根据有关理论文献和与创业者的访谈情况构建本书的理论模型，提出相关研究假设，而后收集样本数据，利用 SPSS24.0、PROCESS3.5 和 AMOS24.0 等软件量化验证研究假设。本书采用的研究方法主要有以下几种。

（1）文献分析法

本书采用文献分析法梳理研究现状，获得理论支撑，构建研究模型。首先，介绍了本书涉及的创业相关理论基础，阐述了资源基础理论、人职匹配和组织印记理论等相关理论内涵。其次，介绍了本书的四个变量（创业者社会特质、创业成功、创业机会以及创业环境）的相关研究现状，在此基础上，解读相关概念的内涵，对相关变量进行维度划分。最后，通过对文献的分析、推理、演绎，结合访谈的相关情况，构建本书的研究模型。

（2）质化研究法

本研究开展了两次访谈，对 10 位创业者（七男三女）进行半结构化访谈，并在此基础上开展质化研究。第一次访谈主要是了解创业实践情况，以深化对本书概念模型的认识。首先，明确访谈主题，围绕创业者特质、创业机会、创业成功、创业环境等变量的具体内容及变量之间的关系来确定和六位创业者的访谈提纲，尽可能利用通俗易懂的语言来设计访谈提纲，以更好地获取信息、掌握影响创业成功的具体因素。其次，和选择的创业者进行半结构化访谈，通过面谈或电话访谈的方式和每位创业者进行 1 小时左右谈话，了解上述变量涉及的内容及其在创业实践活动中的关系。最后，在查阅相关文献并进行理论研究的基础上，对访谈结果进行梳理总结，探寻创业有关变量之间的关系，提出本书关于创业者社会特质的理论假设，根据假设来设计创业问卷有关题项。研究中尽量让构建的创业成功理论模型和研究假设符合创业实际情况，以确保本书研究对于创业具有现实指导意义。第二次访谈主要是征求创业者对调查问卷设计的意见。访谈填写过问卷的访谈者，请访谈者对测量题项、问卷表述和整体内容等方面发表看法和意见，并就关键性问题进行深入的交流探讨。最后基于访谈情况，完善调查问卷。

（3）量化分析法

利用调查问卷来获取本研究的有关数据，而后选择量化工具分析这些数据对本书提出的创业者社会特质相关理论假设进行验证。第一，根据提出的创业理论假设来设计调查问卷，问卷题项主要借鉴国内外成熟量表，但也有一些调整。然后利用访谈和预调研对设计的问卷题目进行调整优化；采用李克特五点计分法对相关变量进行测量。第二，通过问卷星和现场发放问卷的形式在长沙、株洲、常德、深圳等多地发放调查问卷，收集数据。第三，运用 SPSS24.0、PROCESS3.5 和 AMOS24.0 等工具对收集的数据进行检验分析，验证提出的假设。本书在对有关创业调查数据进行实证研究时采用了常用的管理学相关方法，主要包括信效度分析、验证性因子分析、拔靴分析等。

1.5.2 技术路线

本书的技术路线见图 1-1。

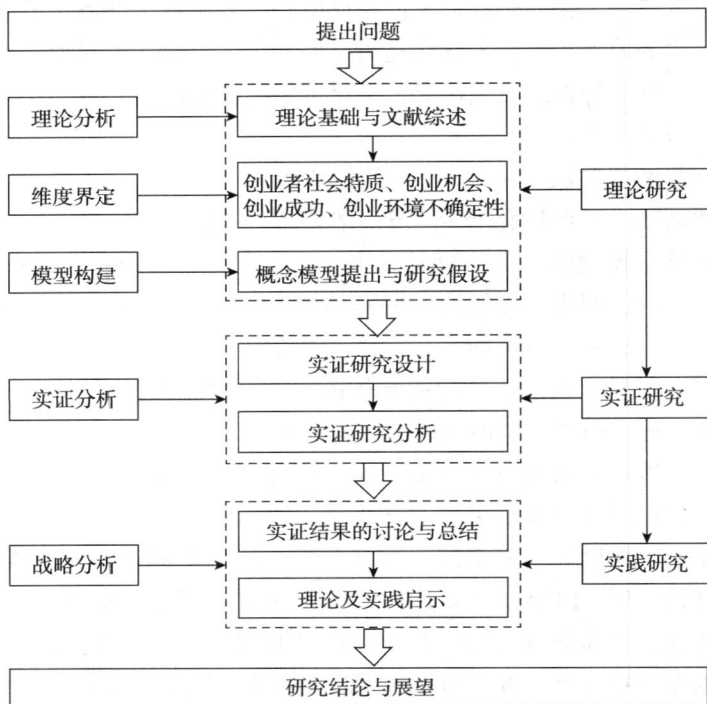

图 1-1 本书的技术路线

1.6 论文结构

本书研究框架见图 1-2，全书共分为六章，各章内容具体如下。

第 1 章：绪论。从当前创业活跃但创业成功率不高的创业现状出发介绍本书的现实背景，在梳理不同学者关于创业者特质的研究基础上，发现从创业者社会特质视角探究创业成功是一种有益且可行的尝试，并设计了本书的研究框架和技术路线，阐明本书的研究目的、研究意义和创新之处。

第 2 章：理论基础与文献综述。阐述本书相关理论内涵和研究现状，对本书研究的四个变量（创业者社会特质、创业成功、创业机会、创业环境不确定性）的具体内涵进行解读进而阐释其维度划分。

章节安排	拟解决问题
第1章 绪论	选题背景与研究意义、研究内容与研究框架、研究方法与创新点
第2章 理论基础与文献综述	理论基础、创业者特质相关研究、创业机会相关研究、创业成功相关研究、创业环境相关研究
第3章 创业者社会特质对创业成功的影响机理分析	概念模型提出、理论分析基础上提出相关研究假设
第4章 实证研究设计	半结构化谈访、确定测量表、设计调查问卷、预调研修正调查问卷、发放调查问卷、收集数据
第5章 数据分析及结果讨论	数据的正态性、信度、效度、相关性检验、构建结构方程模型验证相关假设、完成模型机理诠释
第6章 研究结论、启示及研究展望	对实证结果进行讨论总结、理论与实践启示、研究局限性及未来研究展望

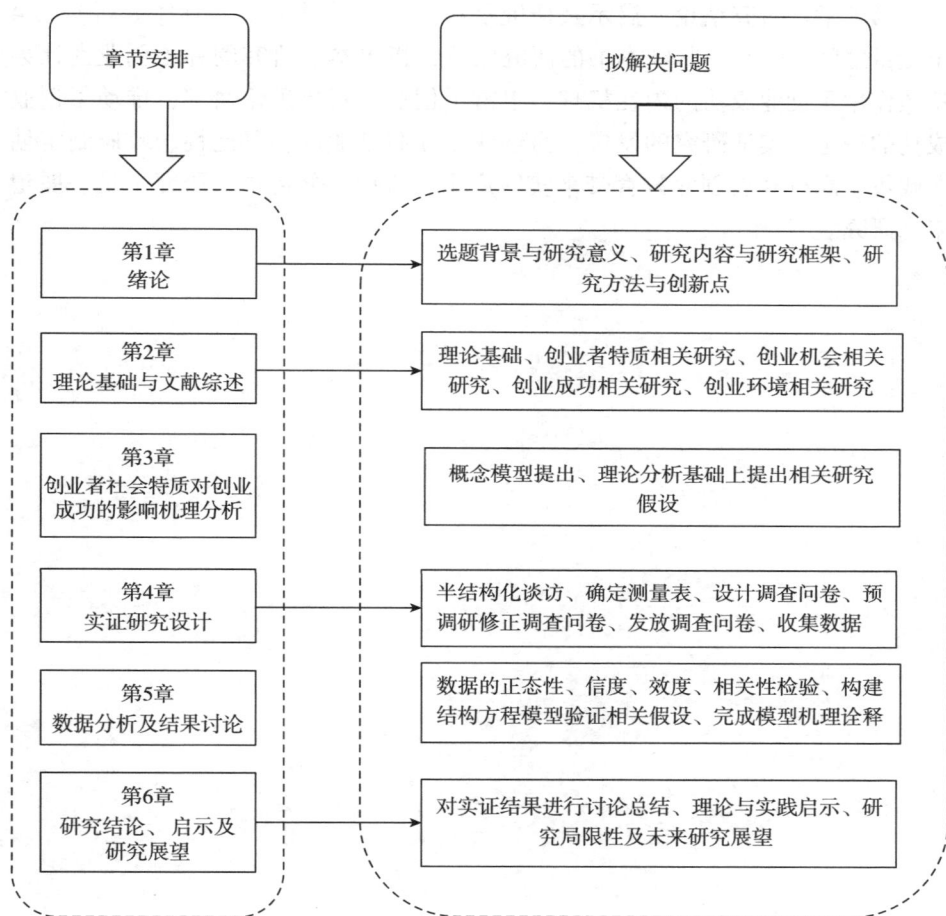

图 1-2　本书研究框架

第 3 章：创业者社会特质对创业成功的影响机理分析。基于理论回顾和推理演绎，提出具体的研究假设，构建创业者社会特质—创业机会—创业成功的研究模型，其中，创业机会为中介变量，同时还在该模型中引入创业环境不确定性作为调节变量。

第 4 章：实证研究设计。主要介绍本书的研究方法和具体设计，内容包括：理论模型的提出、访谈设计、变量测量、问卷的形成与发放及主要研究方法。

第 5 章：数据分析及结果讨论。对回收的有效问卷进行结果统计，利用工具软件对问卷数据进行描述性分析，并开展信度和效度验证以检验数据质量，随后利用统计数据对前文提出的创业理论假设进行验证。

13

第6章：研究结论、启示及研究展望。通过数据验证，具体分析本书4个变量之间的关系，归纳本书的研究结论，指出本书研究阐释了创业者社会特质作用于创业成功的内在机理，丰富了创业者特质理论研究，推动了创业成功的理论与实证研究的发展，为创业者提高创业成功可能性、政府制定创业政策、高校开展创业教育带来实践启示。最后，分析本书研究不足、展望未来研究。

第 2 章 理论基础与文献综述

本章主要对创业者社会特质研究涉及的有关理论——创业相关理论、人职匹配理论、组织印记理论等内涵进行解读，围绕本书的四大变量（创业者社会特质、创业机会、创业成功以及创业环境不确定性）进行文献综述。本章内容主要包括以下五个方面：2.1 节梳理、总结、解读本书的理论基础；2.2 节从内涵、维度、作用机理等方面梳理、述评创业者社会特质相关研究；2.3 节从内涵、维度及影响因素等方面梳理、述评创业成功相关研究；2.4 节从概念、来源与类型、维度等方面梳理、述评创业机会相关研究；2.5 节围绕内涵、维度构成等内容梳理、述评创业环境相关研究。本章对研究所涉及的理论基础和主要变量进行文献梳理与总结，旨在发现有价值的研究问题，寻求本研究的理论支撑，为本研究奠定坚实的基础。

2.1 理论基础

2.1.1 创业相关理论

学者们从不同角度对创业进行研究并形成了不同的创业理论，取得了丰富的研究成果。本小节主要介绍创业的概念内涵和经典的创业过程模型。

2.1.1.1 创业的概念

创业活动是推动经济发展、激发创新变革、促进社会稳定与发展的最重要的原动力的观点得到学者们的普遍认同。学者们从经济学、管理学、社会学、心理学等不同学科维度对创业进行研究，创业研究呈现多学科、碎片化的特点，创业成为一个广泛的标签，但对创业并没有形成统一的概念界定。创业的概念在创业实践和创业研究的发展过程中不断发展、演变，现将其发展与演变梳理如下（见表 2-1）。

表 2-1　创业概念的发展与演变

学者	概念
Schumpeter（1934）	创业是创造性地整合资源，以迎合市场需求，创造价值，是一种创造性破坏，其本质是创新，会带来新原料、新方法、新产品、新市场和新组织等方面的创新。
Kirzner（1979）	创业就是不断追逐创业机会的过程。
Schultz（1979）	创业就是利用资源的优化配置来应对外部经济环境变化的活动。
Drucker（1985，1998）	创业就是将独特的资源组合投入尚不确定的环境中以求获取更多利润的实践活动。
Gartner（1985）	创业就是在市场建立新的企业组织。
Hisrich（1990）	创业就是创业者个体或者团队投入资源、时间及精力并承担相应经济和社会风险以换取一定物质财富和个人成就感。
Global Entrepreneurship Monitor（1999）	创业就是个体或者组织利用现有企业或者新建企业来从事新的企业经营活动并承担一定风险的尝试。
Stevenson 等（1985）	创业就是在现有资源基础上满足需求获取更大机会和回报。
Hitt 等（2001）	创业就是对经济环境中尚未开发的机会进行识别开发的过程。
朱仁宏（2004）	创业就是个体或者组织在一定经济环境中及时发现机会，并利用资源来建立新企业并从事业务活动。
Timmons（2004）	创业就是创业机会驱动下的团队、商机、资源三大要素实现动态匹配以创造价值的过程。
张玉利（2004）	创业就是创业者识别创业机会，并充分利用可控资源开发创业机会的持续性过程。
Dollinger（2006）	创业就是在不确定性环境下，为获取经济利润或者成长发展而成立新组织的过程。
Koellinger（2008） Sarasvathy（1999） Davidsson（2005）	创业就是通过创新或模仿的形式来开展新的经济活动。
张宝文（2018）	创业就是识别和开发机会，发挥资源整合能力，克服不确定性和风险，创建新企业并保持其成长从而获取利润的过程。

资料来源：笔者整理。

由上所述，创业概念的以下几个要点得到了较为广泛的认同。

第一，创业本身就是识别开发创业机会的持续性过程。

第二，创业的目的是创建企业进而创造价值。

第三，创业的主体是创业者。创业者是创业的发起者和实践者，也是最具能动性的创业要素，主导集聚整合资源，识别开发机会，发现创造价值等创业核心活动。

第四，创业的实质是创新。创业过程面临不确定性和风险，可能遭遇创业障碍和发展瓶颈，需要创造性地整合各种资源，其本质是创新。

因此，本书认为创业是创业者在不确定性环境中，利用自身资源禀赋，整合资源，识别、开发机会，进而创建企业创造价值的过程。

2.1.1.2　创业过程研究及理论模型

20 世纪 80 年代以来，创业研究聚焦于过程视角以探讨创业过程中的组织、行为相关问题，并从对创业行为内在规律的研究逐步拓展到对创业行为围观领域的研究，涵盖了创业机会识别开发、新建企业成长、创业成功等多方面的内容，这些研究进一步加深了学界对于新企业生成和发展过程的理解。

创业过程是指将商业计划转化为商业组织过程中的所有事件，具体包括机会识别、产品线建设、企业创办、市场交易及顾客反馈等。Gartner（1985）基于创业过程的复杂性视角分析创业过程并提出新企业创建的理论模型。Shane（2000）认为创业机会才是创业研究的核心，并引领创业过程研究进一步聚焦于创业机会的识别和开发。Timmons（2004）将创业视为机会驱动下的创业团队、市场商机、创业资源三大要素动态发展、相互匹配的过程，并基于三大要素的匹配提出创业成功模型。Davidsson（2005）认为创业过程的关键在于匹配，他认为创业中的各个要素，诸如个体、环境、机会等必须高度匹配，才能够推动创业成功。马雷（2012）指出创业过程具有非线性特征，具体内容包括识别机会、整合资源、建立团队和组织、开展市场营销、管理消费者等。

Gartner 创业过程模型和 Timmons 创业过程模型作为两大经典创业过程模型，是关于创业过程的系统化研究成果，也是本研究的理论支撑，现对其进行简要介绍。

（1）Gartner 创业过程模型

该模型是 William B. Gartner 于 1985 年提出的。他认为创业就是创建新企业的过程，并提出新企业创建的理论模型（如图 2-1 所示），该模型认为新企业的创建是个人、组织、环境、创建过程四个维度相互作用的结果。个人是指创业的主体，即创业者；组织是指新创建的组织，主要涉及组织内部的机构及战略选择等因素；环境是新创企业所面临的环境，主要指对创业成功能够产生不同影响的环境因素，具体包括政府、供应商、基础设施、人口结构和技术等因素；创建过程是指创建新企业所采取的一系列行为，如发现机会、集聚资源、生产产品、建立组织及对政府和社会做出回应等。创建新企业就是要按照合理的结构整合各行为要素以获得预期结果。

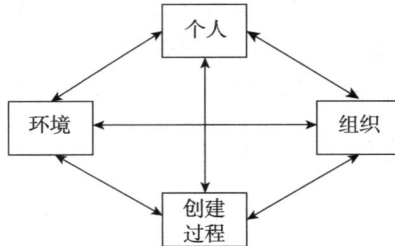

图 2-1　Gartner（1985）创业过程模型

Gartner 创业过程模型是较早的创业过程理论模型。该模型囊括了创业过程中的必备要素，蕴藏着相当丰富的内涵。它既可用来解释新企业的创建过程，也可用来解释创业者的创业行为，还可用来指导新创企业的发展（董保宝、葛宝山，2008）。在这个创业动态发展模型中，创业者具有重要地位，创业的每一个环节，包括识别机会、聚拢资源、制定策略、开展营销等都需要创业者来推动。而创业者社会特质会持续影响创业者的决策和行动进而对创业产生长期深远的影响。

（2）Timmons 创业过程（成功）模型

杰弗里·蒂蒙斯（Timmons）构建了具有深远影响的创业过程模型（见图 2-2）。他提出创业是机会驱动下的创业团队、市场商机、创业资源三大要素动态发展、相互匹配的过程。商机、资源和团队的动态匹配能够促进创业成功，因此该模型也被称为创业成功模型。

蒂蒙斯认为商机是创业的起点，也是构成创业过程的核心要素。商机的出现启动了整个创业过程，然后组建团队，想方设法获取创业所需资源，围绕商机的识别开发来开展创业实践。资源是创业过程的保障与支撑，识别机会、评估机会、开发机会都离不开必要的资源。创业者可通过制定精巧、谨慎的创业战略来有效地利用和控制资源。此外，蒂蒙斯还指出，如果创业机会具有很高的成长潜力，那么必然能够吸引市场资金的投资。创业初期，创业者可利用创业机会优势克服资源约束，获得竞争优势。

创业团队是创业活动的核心决策者，是识别开发机会、集聚整合资源的主体，也是创业的关键组成要素。由于创业实践过程中面临着市场环境不确定性和风险，这就需要创业者必须建立稳定的创业团队，并利用自身的领导管理和协调沟通能力及时发现解决创业过程中的不同问题，利用不同创业要素来实现资源、团队和机会的优化配置，以促使它们实现动态匹配与平衡，实现创业成功。因而创业团队（创业者）应该拥有良好的创造、学习和领导能力，能够对市场变化作出快速反应，具有从容应对逆境的特质。

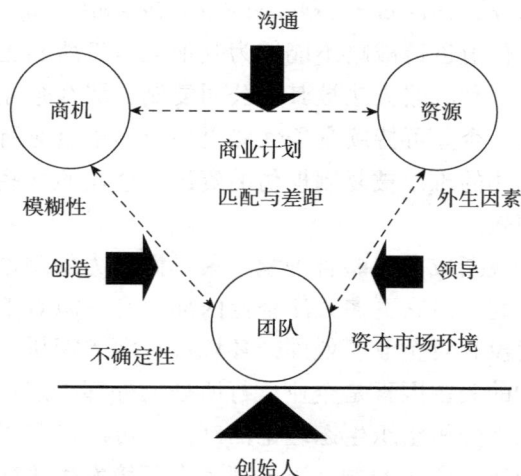

图 2-2　Timmons（2004）创业过程模式

与团队、资源相比，创业机会往往更为重要。这是因为：（1）真正有价值的创业机会往往难以识别获得，这需要创业者具有对创业机会的高度敏感性并能够准确地评估这些创业机会的价值；（2）创业机会的形式和深度直接决定了创业团队的组成和对创业资源的需求。

Timmons 创业过程模型是基于他对市场高潜力的新建企业 30 多年的实践研究和创业课程的丰富教学经验而提出的理论模型。该模型更贴切地反映了创业实践，从创业的构成要素及其动态平衡视角解释创业过程，既有利于对创业过程的理解，也为创业成功研究提供了有价值的思路借鉴。

2.1.2　资源基础理论

资源对于企业的新建、成长、发展具有重要意义。资源是创业的必要支撑，识别机会、评估机会、开发机会都离不开必要的资源；企业往往因不能满足客户的需求而不得不退出市场，其失败的主要原因是资源的匮乏，资源匮乏导致企业难以应对环境带来的挑战，难以把握发展机遇，最终导致企业难以生存和发展，创业难以成功。

资源基础理论认为，稀缺的无法被复制替代的有价值的资源，能够形成企业竞争优势。1984 年，Wernerfelt 的《企业的资源基础论》的发表标志着资源基础理论的诞生。他主张将资源作为企业战略思考的逻辑中心，通过分析企业内部资源来研究企业的竞争优势和发展；可用的资源影响着企业的竞争优势和持久利润。随后，Barney（1991）对可持续竞争优势进行了更为深入的研究，并在 *Firm resources and sustained competitive advantage* 一文中对其进行阐释：如果企业的价值创造战略不能够为其他竞争者所实施，它就成为企业的竞争优势。如果这种战略无法被其他公司复制，那么企业就能够在市场竞争中获得持续优势。企业可持续竞争优势更多依赖于企业所拥有的稀缺资源或者在组织内部构建的难以被复制模仿的资源，企业的这些战略资源能够为企业创造更高的绩效。

资源基础理论逐渐成为战略管理学中最具影响力的理论观点之一，广泛应用于企业发展研究。但它更多关注企业内部现有资源对于企业形成竞争优势的重要意义，而没有对企业所处外部环境进行深入探析。组织生态理论则提出企业能够成功的关键因素是企业运行所处的外部生态环境，而不是内部的资源管理。深入地分析组织生态理论的观点，可以发现影响企业发展和创业成功的根本原因还是资源问题。当外部生态环境发生改变时，如果企业拥有足够的合适的资源，并制定合理的战略应对环境变化，企业照样可以创造价值，满足顾客的需求，实现可持续发展，促进创业成功。因此，企业的成败归根结底还是企业是否能够整合足够合适的资源来恰当地应对环境的改变。

资源基础理论不但被广泛运用于成熟企业的发展研究，还成为创业研究的重要理论基础。创业过程中如果能够获取稀缺的无法被复制替代的战略资源，就能够抢占先机，形成竞争优势，推动新企业的创建和成长，实现创业成功。创业者社会特质是创业者的重要的资源禀赋，契合战略资源的特征（稀缺、难以被复制和替代、有价值），自身就是一种战略资源，可为新创企业带来竞争优势。此外，它还通过影响创业者的决策和行为持续地促进创业过程中战略资源的获取，从而为新创企业带来竞争优势。因此，资源基础理论是本书的理论支撑之一。

2.1.3 组织印记理论

2.1.3.1 组织印记理论的内涵

最初，印记是关于动物行为的概念。Douglas Alexander Spalding 在 1873 年的实验中发现，小鸡在孵化后往往会将见到的第一个移动物体作为本能的追随对象，他用印记来描述这一现象，即小鸡受到了出生后看到的第一个移动物体的印记。其后，诺贝尔生理学或医学奖获得者奥地利动物行为学家 Konrad Lorenz（1937）在此基础上，选择雁鹅对印记理论进行了系统论证研究（陈蓉霞，2008），进一步验证动物早期的经历会对其以后的行为产生持久的影响，并系统总结了动物印记的要点。1965 年，Stinchcombe 首次将组织印记的概念引入组织学研究中。组织印记理论认为，组织创建初期及发展过程中特定时期的内外部环境会对组织产生印记效应，通过影响组织特征的塑造进而对组织产生持久影响。组织印记理论被应用到组织生态、制度理论、网络分析和创业研究等多个领域。创业初期是组织印记的"敏感期"（黄勇和彭纪生，2014），创业活动刚开始时的内外部环境条件（包括创业者和外部环境）会对组织结构、战略和绩效产生持久影响，即对组织产生印记效应，并且这种效应将长期存在。印记的作用机理方面，经济技术条件、制度因素以及个体因素都会对组织产生印记效应，这些因素通过组织印记蛹变正向影响创业绩效，影响模型如图 2-3 所示（朱蓉等，2018）。研究层面方面，学术界关于组织印记理论最初是从行业层面展开研究的，关注不同行业环境对于新建企业的印记，后来学者开始从微观、中观等多个层面对组织印记理论进行不断丰富完善。

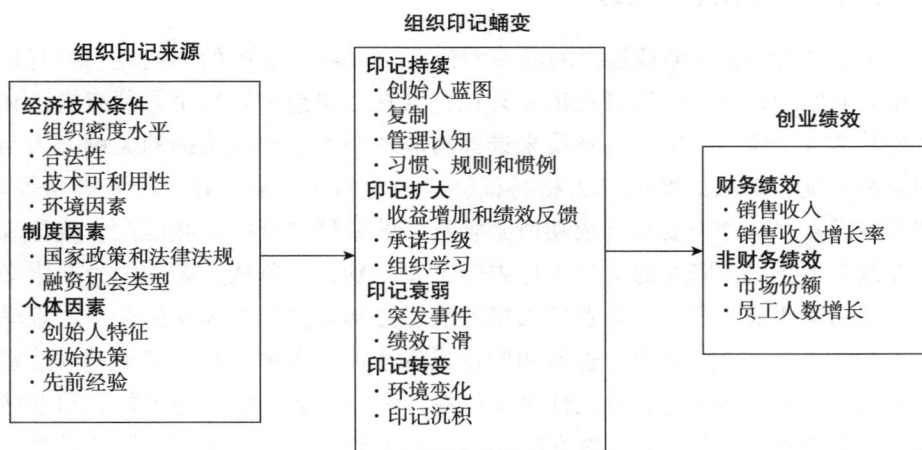

图 2-3　组织印记在蛹变过程中对创业绩效的影响模型

（资料来源：曹丽卿. 创业企业组织印记的来源、蛹变与绩效——以京东集团为例 [J].
管理案例研究与评论，2018）

2.1.3.2 组织印记理论对本书的启示

社会学者、管理学者和创业学者分析了印记效应对于组织演化路径的具体影响，发现组织演化会受到组织成立之初环境条件的持续性影响。创始人印记和创业之初的环境印记是印记理论应用于创业研究的两个研究重点。创业者（创始人印记）和新创企业所处的内外部环境（环境印记）会对企业的成长发展产生印记效应。个体积累的工作经验会持续影响个体的思维逻辑和行为习惯。创始人印记指创业者就像新创企业的亲生父母一样，其特质会影响创业者的思维和决策，而创业者的思维和决策会持续地影响新创企业的决策，因而创始人的特质会印记在新创企业的组织结构、战略决策和实际绩效上，持续影响新创企业的成长发展。环境印记是指组织创建之初的环境，包括行业竞争环境、宏观市场环境等通常会影响组织后续的结构框架、战略和绩效，进而在相当长时间内影响企业在市场中的生存发展。

本书重点分析创业者社会特质是利用何种机理作用于创业成功，以及环境不确定性对于这种作用机理的具体调节影响，创业者社会特质会对新创企业产生印记，因而，组织印记理论是本书的一个重要理论支撑。

2.1.4 人职匹配理论

人职匹配理论是职业选择的经典理论。1908年，美国的弗兰克·帕森斯提出人职匹配理论，也称特质因素理论，其核心思想为：每个人都有自己独特的特质，个体会根据个人特质来选择对应的职业。职业选择的关键是人与职业相匹配，即人的特质（人格特征、能力倾向、兴趣爱好、价值观念等）与职业因素（工作上要取得成功所必须具备的条件或资格）相匹配。威廉森在此基础上指出，职业的实际工作内容千差万别，不单从业者的能力要素必须与其岗位要求匹配，从业者的人格特质也必须与其岗位要求匹配。心理学家霍兰德认为，个人的职业选择和职业成就往往与主体性格、兴趣爱好等密切相关，如果个体职业和个人性格爱好相匹配，那么个体就更可能获得职业成功，工作效率也会更高，并在实验的基础上创立了人格类型—职业类型的匹配学说。教育信号选择理论出现后，学历匹配被看成人职匹配的信号标准，有学者认为人职匹配是包括学历匹配、技能匹配、经验匹配在内的综合指标体系。我国学者肖阳、边燕杰（2019）认为，关于劳动者与其职业的匹配状态，学术界存在内在人职匹配（性格特征匹配）和外在人职匹配（技术能力匹配）两种理论视角，并实证分析了社会交往对人职匹配的影响：弱关系纽带能够提升教育匹配、经验匹配、技能匹配等外在人职匹配；强关系纽带能够提升内在匹配。

本书认为，实现人职匹配，从微观层面而言，可以最大限度地让创业者人尽其才、才尽其用，提高工作效率，从而促进创业成功；从宏观层面而言，能够更好地促进全社会的劳动生产率的提高。创业是一种职业选择，也要实现人职匹配。创业中的人职匹配包括以下两个层面：一是个体是否适合创业，即关注创业者能力素质、性格气质、工作经验是否适合创业；二是创业者要选择合适的机会创业以实现人职匹配，即人机匹配，关注创业者能力素质、性格气质、工作经验是否与所选择的机会匹配，是否满足创业的个性适应预设。

2.2 创业者社会特质相关研究

2.2.1 创业者的定义

创业过程中，无论是机会的识别开发还是资源的集聚整合，都是由创业者来完成，体现创业者的决策意志和决策水平。作为创业实践的主导者，创业者的决策和行为对创业活动的开展和创业成败具有重要影响。"创业者" 译自法文 "Entrepreneur"，法国经济学家 Cantillon（1755）最早将其应用于经济管理研究中，并从决策者的角度对其进行定义，认为创业者是组织生产经营并在面临风险的情境下做出决策的人。Schumpeter（1934）从创新的角度定义创业者，提出创业者是利用企业资源开展不同创新活动并将其转化为经济利益的人。Kirzner（1978）和 Livesay（1982）从机会角度诠释创业者，认为创业者是能够敏锐地发现机会，并整合资源来开发机会获得收益的人。Casson（1982）指出，创业者是信息不对称条件下，擅长依据个人判断对稀缺性资源作出决策的人。基于创业是创新性的事业，Drucker（1985）提出创业者是具有创新能动思维，敢于实现自我突破的人。Donckles 等（1987）和 Birley（1993）认为创业者就是新企业的创建者。Bmyat 和 Julien（2000）指出创业者是创业实践活动中整合资源创造价值的主导者，离开创业者就无法实现价值创造。Sarah 和 Panl（2003）认为创业者就是新建企业的领导者，能够带领企业团队获取资源并针对企业重要问题作出决策。

张秀娥（2012）认为创业者有广义和狭义之分，广义的创业者是指从事创业活动的全部人员；狭义的创业者是指那些参与到创业核心过程的人员。

她指出创业者具有风险承担性、创新性、先动性等特点，只有创业活动的核心人员才具有创业者的特点。

由上可知，学者们主要是基于创业者的特征、行为及创业过程中的作用对创业者进行概念界定。综合前人的研究，本书认为创业者是参与创业过程的核心人员，是对创业过程中的机会识别开发、资源获取整合、组织创建运营等核心环节发挥主导作用，并引领企业创造价值的人。

2.2.2 创业者特质

2.2.2.1 创业者特质的概念

创业者特质是由人格特质衍生而来的一个概念（周键，2017），是创业者特有的人格特质（王侃，2011）。Allport 在 20 世纪 30 年代末率先提出特质的概念，认为它是一种稳定持久的心理结构和性格特征，能够用于区分不同个体的人格特征，并进一步提出了人格特质理论。Cattell（1972）指出人格特质多是在后天环境影响下形成的个体所拥有的程序化的思维模式和行为习惯。Kirkpatick（1991）等从更广泛的视角认为特质是指个体的一般特征，涉及动机、能力及行为方式。Costa 和 McCrae（1992）认为人格特质是个体的习惯性的不易改变的反应倾向。Yukl（1998）认为特质是个体的一系列特征，包含个性、性格、需要、动机和价值观等。Kassin（1998）认为特质是个体的思维、情绪及行为模式。人格特质的概念被引入创业研究进而衍生出创业者特质的概念，即创业者拥有的区别于普通个体的特质被称为创业者特质。自我实现需求、创新性、先动性、冒险性和内控性等被认为是创业者的关键特质。创业者特质能够促进创业成功。

然而，对于创业者特质内涵及构成，学者们并未达成共识。本书综合上述学者的观点，认为创业者特质是创业者心理、人格、行为、能力等方面所具有的特点、特征及品质属性，是创业者心理特征与行为模式的综合体。

2.2.2.2 创业者特质的维度划分

创业者特质就是创业者身上所体现出的不同于常人的关键要素，通常被视为一个多维度的概念。创业者特质可划分为个体特质和社会特质两个维度（周键，2017；潘鸿鑫，2019）。

创业者的个体特质主要指创业者内在的、心理方面的特征（廖韶峰，

2018）。一些学者将创业者视为独立的个体，主要从创业者自身潜在的创业"内驱力"的视角探讨创业者的先动性、内控性、冒险性、创新性等个体特质对创业意愿、创业成功的影响。

个体的特质与其社会化过程密切相关，社会化是其重要的基础。社会化是个体发展特质和学会参与社会群体的社会互动过程。创业是创业者利用其关系网络调动、部署资源进而开发利用机会的过程，在这个过程中，创业者必须和其他主体进行信息交换和行为互动。创业过程实际上就是一个社会化过程。一些学者从社会化视角出发，将创业者看作"社会人"，认为创业者的某些特质与其创业行为密切相连，呈现社会化特点，即创业者社会特质，并探讨其对新创企业成长的作用（周键，2017）。创业者社会特质是创业者在学习、生活、工作过程中逐渐形成的特性（廖韶峰，2018），包括历练而成的创业相关能力特质、长期积累的先前经验和社会资本等（潘鸿鑫，2019）。

本书认为，创业者是其社会化过程中的一个动态的系统发展体。创业者特质既是先天遗传的结果，又是其社会化的结果。创业者与生俱来的一些特质会在创业过程中产生作用，通过支配创业行为进而影响创业过程及结果，但同时创业者又会受到社会化的影响，逐渐形成一些带有社会化印痕，具有社会化属性的特质，即创业者社会特质。

基于创业者特质中既有天性使然的成分，又有社会化印痕的成分，以及创业者特质的多维度特性，本书赞同周键等学者的观点，认为创业者特质包括个体特质和社会特质两个维度。基于"自然人"视角，认为创业者是独立个体，探讨创业者所拥有的区别于非创业者的与生俱来的自然属性，研究创业者的个体特质。基于"社会人"视角，将创业者视为创业过程中最具能动性的要素，探讨创业者在社会化过程中逐渐形成和发展区别于非创业者的社会属性，研究创业者的社会特质。

2.2.3　创业者个体特质

创业者个体特质强调创业者的自然属性，是创业者天性使然的相关特质。当前创业者特质研究已经形成了较为丰富的研究成果，得到广泛关注和普遍认可的个体特质有先动性、内控性、冒险性、创新性等。

（1）先动性。先动性是基于预见性的积极行动，表现为意识上的先知先觉和行动上的积极果敢。创业者的先动性指创业者具有的比其他主体更早更先地识别出创业机会，更迅速更主动地采取创业行动从而赢得市场成长空间和发展先机的特质。创业者的先动性有利于中小企业获取合法性、加速成长，对中小企业成长具有正向影响（杜运周等，2008）。既有研究发现新创企业，尤其是成功的小微型新创企业，具有超前快速的行动性，这种先动性有助于新创企业抢占先机，获得先动优势，进而产生较高的创业绩效。而小微型新创企业的先动性实际上是其创业者的先动性的体现。

（2）内控性。内控性是指创业者认为创业结果受自身努力程度影响且在自己的可控范围。内控性创业者相信自身的行为、努力可以改变最终结果。创业者的创业倾向会受到内控能力的直接影响，内控性强的人从事创业活动的意愿会更加强烈，从而更全力以赴地投入创业活动并敢于承担相应的资本风险、法律风险等。同时，内控性强还能促使创业者更好地约束自身的行为，专心致志、心无旁骛地朝着创业目标努力。因此，内控性的创业者往往能获得更为优异的绩效。内控性是创业过程中不可或缺的前提条件。与内控性不同，个体的外控性特质是指个体认为事业成功的关键在于外部的机遇、运气等因素而非个体能力和努力。学术界通常认为创业者具有更强的内控性而非外控性。

（3）冒险性。冒险性也称风险承担性，指的是创业者甘愿承担风险的倾向。创业的本质是创业者在不确定性环境中追求高剩余价值的过程。不确定性环境可能会带来更大的收益，也可能会带来更大的损失，在追求高剩余价值的过程中，必然面临更高的风险，因而，创业者需要具备更强的风险承受能力。冒险性强的创业者在创业机会的识别、选择以及其他创业决策时，喜欢冒更大的风险。创业者的创业行为会受到个体冒险性的影响，但对于冒险性的影响机制，学者们的看法不尽一致，有学者认为冒险性与企业绩效正相关，即冒险性能够促进新创企业的发展；有学者认为，冒险性与企业成长负相关，即阻碍企业成长；学者 Begley 和 Boyd（1987）认为，创业回报和创业者冒险性呈倒 U 形关系，即在一个合理的冒险性水平，创业回报会达到最高，低于这个合理的冒险性水平，创业者所承担的风险程度越大，那么获得的创业回报也越多；高于这个合理的冒险性水平，创业者所承担的风险程度越大，其所获得的创业回报就越少。

（4）创新性。创新性是指创业者利用新的方式、方法解决问题、创造价值的倾向，即通过新理念、新技术、新产品、新商业模式、新市场的综合运用，更好地满足客户需求，实现价值创造。创业是创造性地整合资源以迎合市场需求，创造价值，会带来新原料、新方法、新产品、新市场和新组织。Timmons（1990）也指出创业是创新创造活动，且通常伴随着新产品、新技术以及新商业模式的产生。创业的本质是创新。创新性对企业的成长发展产生重要影响（Lumpkin 和 Dess，1996），新创企业在成长发展中需要依托创新创造活动来获得核心竞争优势，引领新技术、新市场的发展。创业是创新创造活动，不论是新企业的创建，还是新创企业的发展和成功都离不开创新，创业者是新创企业的创造者，也是新创企业创新的驱动者，因而要具有较强的创新能力。研究表明，创业者往往具有较强的创新性。

2.2.4　创业者社会特质的内涵

社会化是个体特质发展的重要基础，特质研究呈现"社会化"特征，有学者从社会化视角探讨领导特质，如徐立国、席酉民、郭菊娥等（2016）通过案例分析，研究社会化过程中领导特质的类型及形成，探讨各类型之间的关系。当前，从社会化视角研究创业者特质的极少。虽然有不少文献已经关注探讨创业者的社会化属性（如创业警觉、自我效能等）对创业的影响，但缺乏对创业者社会化属性的系统梳理。

创业者是其社会化过程中的一个动态的系统发展体，创业者特质也会在这个过程中得到发展，体现着特定社会化过程中的烙印，具有明显的社会化特征。创业行为的发生、创业过程的推进实际是一个社会化过程，在这个社会化过程中，创业者创业相关的社会化属性会得到更好的培育和发展。本书认为，创业者社会特质是创业者在社会化过程中形成和发展的与创业相关的社会化属性，是与创业相关的带有社会化印痕的心理特征和行为模式的综合体。它具有明显的社会化属性、相对的稳定性和一定的可塑性。社会化属性是指，一方面，社会特质形成于创业者的社会化过程，带有社会化印痕；另一方面，它又能作用于创业者的社会化过程，即创业者社会特质来源于社会化过程，又作用于社会化过程。相对的稳定性是指创业者社会特质作为创业者特质的一部分，具有特质的持久性特点，会对创业产生持久的影响。一定的可塑性是指，和强调先天遗传的自然属性相比，创业者社会特质能在社会化过程中得到发掘和培育，因此，对创业成功具有更大的意义，是本书关注的重点。

2.2.5　创业者社会特质的维度

创业者社会特质包括历练而成的创业相关能力特质、长期积累的先前经验和社会资本等（潘鸿鑫，2019）。周键（2017）最早提出创业者社会特质的概念，用其描述创业者的社会化属性，并将其划分为四个不同的维度，即先前经验、警觉性、激情和自我效能感，分析其对于企业成长发展的影响。综合他们的研究，结合现实访谈情况，本书将创业者社会特质区分为创业警觉、自我效能感、先前经验和社会资本四个维度。

2.2.5.1 创业警觉

基于创业警觉是本能的潜意识还是可发展的认知，对创业警觉的理解和研究，有搜寻学派和认知学派之分。Kirzner 是搜寻学派的代表人物，他于 1979 年最先提出创业警觉的概念，认为创业警觉指的是不经过刻意搜寻就能发现创业机会的个人潜质，创业警觉性越强，越能够敏锐地察觉出其他主体无法发现的创业机会。随后，Cooper 等（1988）认为创业警觉是创业者对机会的敏感性，是一种本能反应，它能够帮助创业者搜寻感知不易察觉的机会。他们都认为机会是被发现的，强调创业警觉的本能性、敏感性和机会发现的不经意性。Gaglio（2001，2012）是认知学派的代表人物，他认为创业警觉是一种动态发展的认知模型，它能够引导创业者的注意力，指导创业者进行信息处理，使创业者保持对市场环境变化的高度敏感性。认知学派强调创业警觉的后天可发展性。

为进一步研究创业警觉，学者们探讨了创业警觉的维度划分。有学者认为创业警觉涵盖信息警觉和构想警觉两个维度，信息警觉涉及的是创业者的信息搜寻、获取以及发现隐藏于信息背后的价值的能力，构想警觉涉及对信息的再加工和处理以及对资源的整合重组的构想，代表创新创造能力。还有学者将创业警觉划分为四个维度，即兼顾思维、打破常规、探索侦查和不断改进，并进行了实证研究。

由上可知，创业警觉是与创业机会识别相关的潜质和能力。创业机会可能是被发现的，也可以是基于一定发现基础的创造。无论是对早已存在的机会的识别，还是对基于一定基础而被创造的机会的识别，都离不开创业警觉。创业警觉代表创业者对市场信息、市场行为的敏锐性，也代表创业者的信息搜寻能力、价值发现能力和商业构想能力。因此，创业警觉可理解为创业者的机会认知能力、信息搜寻能力、价值发现能力和商业构想能力的有机结合体。

创业警觉不只是一种本能反应，更是一种动态发展的认知机制，它可以通过学习进行改善和发展，能够在创业者的社会化互动过程中得以培育和提升，因而，是创业者的一种社会特质。

2.2.5.2　自我效能感

Bandura 于 20 世纪 70 年代提出自我效能感这个概念，用来描述个体的自我认知和自信，其认为自我效能感是个体对自己有效实施行动方案，实现特定目标的自信程度。它是影响行为的重要因素。自我效能感应用于创业研究领域进而衍生出创业自我效能感，是指创业者对自己开展创业活动、新创企业、促进企业成长的信心程度。它是创业者基于对自我和环境支持的认知，判断自己能否完成创业任务，实现创业目标，从而形成的创业信心。它体现创业者在创业实践活动中的心理感知能力和自信程度。自我效能感能够很大程度地影响个体对于特定任务的兴趣、投入程度和目标设立（陈传明，2009），如果创业者具有较高的自我效能感，那么往往更乐于投入更多资源和时间到创业实践活动中，并设置较高的创业期望目标。因而，创业自我效能感可以预测、解释创业行为，进而影响创业企业的绩效。

创业自我效能感是创业者在社会化互动过程中形成的一种主观感受，具有明显的社会化属性，可视为创业者的一种社会特质。

2.2.5.3　先前经验

创业者社会特质的形成、发展与创业者的创业经历及所处的创业环境密切相关。先前经验就是创业者在开展创业实践之前已经积累的隐性知识和技能的综合，能够帮助创业者获取更多的创业知识和信息，促使创业者更为有效地开展创业行动。先前经验的多样性和相关性是影响创业活动的两个重要方面，多样化的经验能促进创业活动有效开展；相关性是指先前经验同创业活动的相关性，经验的高度相关性有助于创业机会识别和制定企业战略等。创业者的先前经验包括创业经验、管理经验和行业经验。创业经验是指创业者之前创办企业的经历；管理经验是指创业者创业之前从事过管理工作或参加过管理培训并积累的相关管理经验；行业经验是指创业者与创业行业相关的工作经验，如，掌握所处行业涉及的技术和建立与客户、供应商的良好利益关系等。

2.2.5.4　社会资本

社会资本的概念是 Nahapiet J（1998）最先提出的，他认为社会网络中所存在的各类资源就是社会资本。不同学者对于社会资本概念及其构成的研究结论不同。持结构观点的学者认为社会资本等同于社会网络构成；持功能观点的学者认为社会资本是个体通过在社会网络中进行协调合作而从中获取利益的能力。例如，Adler（2002）提出社会资本就是个体利用自身在社会网络中所处的位置来获取资源和利益的能力。本书认为创业者的社会资本是指创业者的社会网络以及从中获取资源和利益的能力。

对创业者社会资本内涵理解的分歧导致社会资本维度划分及测量的不同。

有学者在研究中将创业者社会资本分为三大要素，即转化因子、结构因子和机会因子，并对结构因子进行了测量。结构因子包括组织网络、市场网络、环境网络和个人网络四个方面，可分别用企业人员、企业客户、社会、朋友来对这四个方面进行描述和测量，常用的做法是，请创业者分别列出这4个网络中与其来往最为密切的人员，并对这些人员的背景信息进行准确描述，以测量创业者的社会资本。

有学者将创业者社会资本具体分为三个不同维度，一是关系维度，主要考察创业者的关系特征；二是结构维度，侧重于分析创业者所处社会网络的密度和规模等；三是资源维度，即创业者对于网络中资源如信息、资金等的获取能力。

还有学者在对创业者社会资本与创业绩效关系的研究中，提出商业关系、制度关系和其他关系资源是创业者关系资源的主要维度，并从"信任"视角测量社会资本的关系维度，选择包括制度型信任、情感型信任在内的6个不同指标（郁义鸿，2001）。

越来越多的学者采用社会网络分析法来测量社会资本的维度。例如，张玉利、赵都敏（2008）在测量社会资本结构维度时就区分了企业内部、外部两个视角。从企业外部视角来看，主要包括与高校和科研院所的联系、与供应商和客户的联系、与政府部门及银行的联系；从企业内部视角则主要考察技术研发、生产、销售部门之间的联系；在维度测量中注重分析不同联系的数量、时间和频率。Thompson（2009）在分析企业绩效和企业家社会资本关系时，对于企业家的政治网络关系进行了度量，通过对企业家是否有政府部门任职经历、是否担任过部门领导职务、是否参与到人大、政协、是否获得过政府奖项等的调查，来分析不同企业家所拥有的纵向社会资本。张玉利（2010）在考察创业者社会网络对新创企业绩效的影响时，主要从以下三个方面来测量创业者网络，一是创业者参与的社会网络活动；二是创业者的社会网络的密度和规模；三是社会网络中其他成员为创业者提供的信息、资金支持等。此外，还在研究中根据网络结构特征，设置"与客户保持密切联系""了解客户的员工"两个题项对社会互动关系进行测量。

本书将创业者社会特质区分为创业警觉、创业自我效能感、先前经验和社会资本四个维度，创业警觉是指创业者基于市场敏锐性和洞察力而形成的对创业机会的认知能力，涉及信息搜寻能力、价值发现能力、商业构想能力等方面。创业自我效能感是创业者完成创业任务，实现创业目标的自信程度。先前经验是创业者创业之前积累的隐性知识和技能。创业者社会资本是指创业者的社会网络以及从中获取资源和利益的能力。

2.2.5.5　创业者社会特质的维度划分考量

将创业者社会特质划分为四个维度，主要是基于以下考量。

第一，这四个维度受创业者社会化的影响相对更大，并且能够在创业者的社会化过程中进行培育和塑造。创业警觉是指创业者对市场环境、市场行为的敏锐性。这种敏锐性是创业者对社会现实活动的主观反应，这种反应往往与创业者对现实社会的认知有关，而认知的形成实际上就是社会化的结果。McCaffrey（2014）认为当创业者搜寻信息、机会等资源能增进创业绩效时，创业警觉也随之增强，即创业警觉会受到搜寻行为的强化，也就是说，创业者能够在市场搜寻中不断强化自身的创业警觉。可见，创业警觉会在创业者的社会化活动中得以培育和提升。创业自我效能感是创业者对自身完成创业任务、实现创业目标的信心程度，这种信心程度来源于对创业任务、自身能力、创业环境的认识，无论是对创业任务的认知还是对自身能力的认知或是对创业环境的认知都是基于创业者对社会现实情况的认知，都是社会化的结果。创业自我效能感会作用于创业活动，同时又会受到创业活动效果的影响。比如创业失败或工作失误，会降低创业者的自我效能感，创业成功或工作成就感会增强创业者的自我效能感。而创业者在开展创业实践活动前所获得的各类知识技能就是先前经验，毋庸置疑，也是社会化的结果。先前经验是对社会化活动的总结，是在社会化过程中逐步积累、逐渐形成的。创业者的社会资本是指创业者从自身的社会网络中获取资源和利益的能力，是以社会网络为载体的，很显然是创业者社会化的产物。

第二，四个维度反映了创业者社会特质的不同方面。其中，创业警觉反映创业者对于所要进入行业领域以及市场环境的敏感程度和察觉力，创业自我效能感反映创业者对创业成功的自信程度，先前经验反映创业者的隐性知识和技能的积累程度，社会资本反映创业者获得社会资源的可能性，这四个维度从不同的方面助力创业者识别开发机会、集聚整合资源、克服创业障碍，进而促进创业成功。这四个维度的划分是对创业者特质理论的补充和发展，也为研究创业成功提供了新的视角。

2.2.6 创业者社会特质的作用机理

2.2.6.1 创业警觉的作用机理

学者们普遍认同创业警觉对创业成功的重要性，并从不同视角探索创业警觉对机会识别及创业结果的作用。

Kirzner（1979）认为，警觉性高的创业者具有更强的商业机会发现能力，通过发现有价值的机会来促进创业活动取得成功。

Kaish 和 Gilad（1991）从信息视角阐释了创业过程中创业警觉对机会识别的重要作用，指出创业者和非创业者在接触信息的范围、获取信息的具体方式和评估信息的方式方面存在明显差异，具有良好创业警觉的创业者往往尽可能地置身于信息流中，以扩大信息接触范围，提升发现机会的可能性；利用自身寻找来发现商机，从而能够比普通管理者更快更主动地获取有关信息资源；并不只是依靠传统经验而是利用搜寻来的信息来识别创业机会。

Busenitz（1996）研究发现，创业警觉性高的创业者往往在搜索创业机会的过程中花费更多的时间，而在进行决策的过程中更多地依赖自身的主观判断，并非传统的分析决策工具，这种"直觉决策"提高了决策效率，有利于创业者先于他人发现市场机会，占据市场优势。

Gadlio 等（2001）从认知心理学视角阐释创业警觉对机会识别过程的作用，认为创业警觉是动态发展的认知模型，它能够引导创业者的注意力，指导创业者进行信息处理，提升创业者的市场洞察力进而促进机会识别。

Li（2012）通过实验方式开展研究，研究结果显示创业警觉对创业成功的影响很大，它可以帮助创业者更加及时有效地发现潜在的机会，有利于创业者抢占先机，整合资源开发利用机会，从而获取更多的先动优势。

Tang 等（2012）构建创业警觉的三维度模型并用其解释创业警觉作用机制，认为创业警觉包括三个维度：信息搜寻（指扫描和寻找新信息）、信息链接（指连接以前的不同信息）、信息评估（评估是否是有利可图的机会），这三个维度密不可分，共同作用于创业过程。Tang 等通过实证研究证实创业警觉正向影响新创企业的创新绩效。

Fatoki 和 Oni（2015）借鉴 Tang 等（2012）的三维度划分法，通过跟进调查 88 名南非创业者，发现创业警觉性高的创业者具有更高的竞争力、创新能力和创业绩效，证实创业警觉的上述三个维度对南非新创企业绩效产生正向影响。

McCaffrey（2014）从激励视角来解读创业警觉，当创业者搜寻信息、机会等资源能增进创业绩效时，创业警觉也随之增强，因此，创业警觉是搜寻工作的正强化结果。

国内学者魏喜武（2009）认为创业警觉是受到创业者认知和环境影响的动态概念，包括方向和强度两个维度，方向与警觉范围相关，扩大警觉覆盖范围能增加发现机会的可能性，提升创业警觉强度能够为个体识别创业机会带来更多优势。

张秀娥等（2019）构建创业警觉—创业机会识别—创业成功的理论分析模型，认为机会识别在创业警觉与创业成功之间产生中介作用，此外，三者关系还会受到社会商业网络的调节作用。

从文献分析来看，创业警觉对创业的作用主要体现在以下两个方面：一是有助于尽早发现创业机会，抢占市场先机。二是促进创新。创业警觉通过影响创业机会和企业创新从而影响创业活动及创业成效。

首先，创业警觉能够帮助创业者发现创业机会，学术界对此达成了共识并对其作用机制进行了阐释。警觉性高的创业者具有更强的商业机会发现能力，因为他们在信息的获取、使用和评估方面有别于普通管理者，往往尽可能地置身于信息流中，以扩大信息接触范围，提升发现机会的可能性；通过自身的主动寻找来发现商机，从而能够比普通管理者更快更主动地获取有关信息资源；并不是依靠传统经验而是利用搜寻来的信息来识别创业机会，创业机会识别更为精准。又因为创业警觉性高的创业者在搜索创业机会的过程中花费大量的时间，而在进行决策的过程中往往更多地依赖自身的主观判断，并非传统的分析决策工具，这种"直觉决策"提高了决策效率。可见，创业警觉能够帮助创业者尽早发现创业机会，进而抢占市场先机，获得先动优势，促进创业成功。

其次，创业警觉通过促进创新进而促进创业成功。Tang 等（2007）研究发现创业警觉会推动技术创新，技术创新又会促进企业各方面的发展，这有力地揭示了创业警觉与创业成功之间的作用路径，开启了创业警觉—创业成功研究的创业机会以外的新的研究视角。创业警觉会促进创新，还可从 Ko 和 Butler（2003）的研究中得以解释，他们认为创业警觉包括信息警觉和构想警觉两个维度，信息警觉涉及的是创业者的信息搜寻、获取以及发现隐藏于信息背后的价值的能力，构想警觉涉及对信息的再加工和处理以及对资源的整合重组的构想，代表创新创造能力。由此可见，创业警觉不仅作用于创业机会的发现，还会作用于机会的识别、开发、发展等整个创业过程。

2.2.6.2 自我效能感的作用机理

创业自我效能感对创业的作用主要体现在以下两个方面：一是通过影响创业者的创业行为，激发创业者创业潜能进而影响创业绩效和创业成功；二是通过影响外部环境支持的获取来影响创业绩效和创业成功。

创业自我效能感与特定的创业任务相关联，体现了创业者完成特定任务的信心和信念。创业自我效能感也可视为创业者的创业动机，它会影响创业行为的选择和维持，也会影响创业者创业潜能的发挥。这是因为自我效能感能够很大程度上影响着个体对于特定任务的兴趣、投入程度、投入持续性和目标设立（陈传明，2009）。如果创业者具有较高的自我效能感，往往会产生更强烈的创业动机和创业意愿，设置较高的创业期望目标，更乐于持久性地投入更多资源和时间到创业实践活动中，并想方设法地达成创业目标，这有利于发挥创业者的潜能，促进创业成功。Baum 和 Locke（2004）以新创企业为例展开分析，发现创业自我效能感有助于最大限度地发挥创业者潜质与能力，促进新创企业的成长和成功。创业自我效能感不但能激发创业者的创业潜能，而且能坚定创业者克服困难，坚持创业成功的决心。当面对创业过程中出现各种不确定性时，自我效能感强的创业者具有更加坚定的信念，这会帮助创业者克服困难，解决问题。Baron 等（2016）从目标设定的角度展开分析，研究创业自我效能感和创业绩效间的关系，结果显示，创业自我效能感通过影响创业目标的设定而影响创业绩效。自我效能感强的创业者会给自己设定更高的发展目标，在高目标的激励下，创业者更投入地创业，自我效能感和企业绩效之间呈现出正相关的关系，但超过临界值的目标设定反而会对企业的发展产生负面的影响。因而，创业自我效能感可以预测、解释创业行为，也能够影响新创企业的绩效。此外，对海量创业数据的挖掘发现，创业者的自我效能感能够预测新建企业的绩效。

创业自我效能感还会通过影响外部环境支持的获取来影响创业绩效和创业成功。自我效能感作为一种完成特定任务的信心和信念，不仅给予创业者成功的心理暗示，激发创业者的工作热情，展示创业者积极向上、必胜无疑的风貌与形象，而且会让创业者及其新创企业给外部环境中的其他组织和个人留下良好印象，增强他们对创业者及其新创企业的信心。当外部环境对创业者及其新创企业充满信心时，往往会给予其更多的支持。因而，自我效能感会增强创业者和新创企业获取外部环境支持和资源的能力。钟卫东等

（2007，2012）以科技型新创企业为研究对象，分析创业自我效能感和企业绩效之间的联系，研究结果显示自我效能感可以直接影响创业绩效并且是诸多绩效影响因素中最重要的因素。他对此进行了解释：创业者的自我效能感与外部支持密切相关，这种外部支持可以有效地增强科技企业的资源，同时为创业者带来成功的心理暗示，增加创业者的信心，这对企业的发展有积极的正面影响。

综上所述，创业自我效能感通过影响创业者自身潜能的发挥和外部支持的获取影响创业绩效和创业成功。而对创业者自身潜能发挥的影响又包括以下两个方面：一方面，通过创业动机、创业目标设定、创业投入等激发创业者的创业潜能进而促进创业绩效和创业成功。另一方面，当遭遇困境时，创业自我效能感强的创业者可以更坚定地面对困境，克服创业障碍，避免创业失败。

2.2.6.3　先前经验的作用机理

先前经验的多样性和相关性是影响创业活动的两个重要方面，多样化的经验能促进创业活动有效开展及创业绩效。Commings（2007）从知识传播以及运用方面解读先前经验对创业绩效的作用，认为先前经验的多样性是影响创业绩效的重要因素，多样性的先前经验不仅增强了创业者的认知范围，还拓宽了其分享知识、整合知识的领域，这有利于创业者认知能力的提升，使得创业者可以更加有效地获取资源，整合资源，从而对企业的发展有积极的影响。此外，经验的高度相关性有助于创业机会识别和制定企业战略等。

先前经验对创业的影响主要体现在以下三个方面：一是影响创业资本的积累，二是避免创业陷阱，三是影响创业绩效。

第一，创业者的先前经验能够为创业者提供更多的创业资本，这可从以下三个方面理解：首先，创业经验能够帮助创业者更好地识别出市场中的创业机会，对顾客需求以及市场价值进行准确评估，从而抢占先机，赢得创业机会开发的先动优势，促使企业迅速走上快速发展的轨道。其次，管理经验有助于提升创业运营管理水平。拥有管理经验的创业者，必然更加熟悉企业运作流程和管理机制，能够根据创业目标来建构初创企业的基本框架，分配给创业团队人员不同的岗位任务，因而提高整个创业团队和企业的运作效率；最后，行业经验使得创业者对原来所处行业状况更为了解，从而能够更好地把握行业的发展趋势，获取相关的有价值的信息资源，拥有更多的行业知识技能，也能够为企业成长提供更多人脉资源。

第二，创业者的先前经验能够帮助创业者避开创业实践中的部分陷阱。拥有创业经验的创业者，往往更为熟悉创业的基本流程、基本方法、核心要素、关键环节以及注意事项，这有利于创业者避开创业实践中的部分陷阱。同样，行业经验和管理经验帮助创业者积累了更多的行业知识、技能和管理知识、技能，这些都有利于创业者避开创业实践中的陷阱。

第三，创业者的先前经验能够影响新创企业组织绩效。Krack Hardt 等（1990）、杨俊等（2009）、Li Yongqiang（2013）指出创业者在创业前所拥有的经验种类能够对其创业绩效产生重要影响，如果创业者已经具有不同类型的先前经验，就能够有效拓展创业者的知识结构领域，也能够帮助创业者更好地跨行业来获取整合资源，将不同行业领域的社会资源和知识技能投入新建企业中，从而能够对新建企业绩效的提高产生促进作用。Granovetter（1973）、Wenhcmg 和 Deming（2014）的实证研究表明，先前经验会影响创业企业绩效，其中市场开发相关先前经验能够正向影响创业企业绩效，而技术相关先前经验会对创业绩效产生负面影响，因而，创业者在开展创业实践中不能盲目追求新技术开发而忽视了市场营销和客户管理。

2.2.6.4　社会资本的作用机理

目前学界普遍认为，创业者的社会资本会影响新创企业组织绩效，但在社会资本如何影响新创企业组织绩效的问题上，学者们得出了不一致的研究结论，有的学者认为创业者社会资本对企业绩效产生正向作用，而有的学者持相反的观点。

认为创业者社会资本正向影响企业绩效的研究主要有：Fisman 等（2001）研究发现，社会资本对于新创企业的成长发展具有促进作用，随后学者选择中国和俄罗斯部分创业企业进行实证研究，进一步发现创业者的结构洞对企业发展有明显促进作用。张平（2014）做出探索研究，发现创业者社会资本对企业绩效产生正向作用，其中，社会网络的多样性影响最强，其次是结构洞，而社会网络的弱连接则影响最弱。很多学者认为创业者所拥有的最重要社会资本就是政治关联，这种关联能够对创业成功产生积极影响。Drucker 等（1985）发现政治关系能够更好地帮助中国创业企业获得 IPO 批准。Phan（2002）指出政治关系能够明显提高企业上市机会，创业企业能够通过创业者的政治关系获得市场监管部门的优惠待遇。杨建东等（2010）和蔡卫星等（2013）的研究发现创业者的政治关系能够帮助创业企业获得更多风险投资。Robertson 等（1991）的研究阐释了政治关联的作用机制，政治关联在开发创业机会过程中，往往是通过情感信任这个中介来对创业绩效发挥作用的，而到了新建企业发展阶段，弱联系对于新建企业绩效的影响则更多是依靠认知信任进行调节的。

然而一部分学者认为，创业者的社会资本会对新创企业的绩效产生负面影响。Stein（2004）提出，企业虽然能够从创业者的政治关联中获取利益，但这些企业的业绩要比非政治关联企业低得多。Shane 等（2000）提出新建企业在新业务开发中更容易受到创业者关系嵌入的抑制作用。随后他通过实证研究发现创业经营绩效和创业者的从政经历存在负相关关系（Shane，2003），即创业者在政府的工作经历不仅不能够帮助其获取更多技能知识，反而容易对新创企业的经营决策产生抑制作用。

此外，学者们还对不同类型的社会资本的影响效应进行了研究，如 Rae 在研究中国创业中选择了 186 个样本进行跟踪调查，发现社会资本类型不同，新建企业获得的创业资源类型也不同。

2.3　创业成功相关研究

2.3.1　创业成功的内涵

创业成功研究对象、研究内容不同（赵慧敏，2018），因而学者们对于创业成功的内涵理解尚未达成一致，主要有以下两种观点：一种是将创业成功理解为新创企业的成功，另一种是将创业成功理解为创业者的成功。

基于创业是新企业的创建的观点，一些学者以新创企业为研究对象，认为创业成功是指新创企业的成功（赵慧敏，2018）。有学者认为创业成功是新企业的成功创建并保持财务、利润、员工工作等方面的稳定；有学者认为创业成功是新创企业各指标（如营业额、盈利、客户满意度、社会声誉等）达到企业预期或行业内高标准；有学者认为创业成功是新创企业财务绩效与非财务绩效持续性增长或达到行业内高水平。创业成功不但包括新企业的成功创建，还包括其可持续发展及成熟。可见，创业成功强调新创企业的高绩效和可持续发展。

以创业者为研究对象，将创业成功理解为创业者的成功，创业成功被定义为创业者实现个人价值及取得满意的创业绩效。从创业者职业成功的角度解读创业成功的内涵，这是解读创业成功的新视角（陈建安等，2014）。自我雇佣将替代受雇于人逐渐成为就业的一种备选方案，创业正成为一种职业选择（张宝文，2018；陈建安等，2014），中国18～64岁年龄段的劳动人口中将创业作为理想职业选择的约占三分之二。职业成功对于个体和组织都有重要影响，职业成功不但增强个体的职业信心，提升职业满意度，增加持续投入，还促使其对组织忠诚，从而促进组织成功。研究分析职业成功能够更好地解读创业成功（张宝文，2018）。

（1）职业成功

职业是个体生命周期里的和工作有关的经历总和。"成功"是指达到某个目标或实现某种价值，通常描述获得正向的预期结果，包括财富、地位、成就（周文霞，2006）和其他收获。职业成功是个体通过持续性的工作付出和经验积累获得的积极的工作结果，是个体从工作经历中获得的真实的或感知到的成就。目前，职业生涯理论的主流研究主要从客观成功和主观成功两个方面解读职业成功（任皓等，2013；张宝文，2018）。客观职业成功，是个体之外其他人对个体工作结果的肯定性评价，常用诸如个体工资收入、个人职务等比较直观的指标来度量，是外界对于职业成功的评价，往往符合社会对于成功的主流判断。相反，主观职业成功是指个体对自己工作结果的满意性评价，包括个体对职业发展、薪酬待遇以及社会地位等方面的主观评价，主观职业成功更多来自个体内在的价值判断。二者相比，客观职业成功显然不能够反映出个体内心的真实价值判断，也不能全面有效地反映创业现实。现实中，有种成功叫"别人眼中的成功"，他人眼中的成功创业人士，创业企业绩效好，发展向好，可创业者自己或因有悖初衷，或因厌恶某种生活方式，或因某些价值未得以较好实现、某个目标未能达成而导致价值认同感差，成就感低，甚至自认为很失败，这不利于可持续创业成功。并不是所有个体都将职业成功等同于薪酬增加和职务晋升，比如部分创业者本身就是企业的管理者，对他们来说成功更多的是在创业实践中实现自身价值。此外，现代职业呈现跨组织流动趋势，在职业的边界越发模糊的现实下，"智能主观职业生涯"得到学者们的认可和倡导。学者们提出个体的内在感知要比外在评价更为重要（张宝文，2018），因为个体通过对自身职业的主观感知往往能够获得更多的职业成就感，从而提升创业满意度，增强自我效能感，增加创业投入，促进创业成功。

根据比较参考标准的不同，可以将主观职业成功分为两类，一类以自我为参考，另一类以他人为参考。自我参考职业成功就是个体在对照自身对于职业的预设期望和实际结果后获得的成就感，比如对于自己的工作成绩感到满意；他人参考职业成功则更多的是利用外部标准来对职业成就进行判断，比如个人名望、社会地位等。本书采用主观方法测量职业成功，测量评价内容包括创业者的职业满意度和社会声望等方面。

（2）创业成功的概念

既有部分研究将创业成功理解为新创企业成功，甚至直接将其等同于创业高绩效，有学者从组织学视角提出创业成功就是新创企业的组织有效性，即新创企业在成长发展中实现了预设目标，并着重对经济目标的考察，比如利润、投资回报率等指标，也有学者关注新创企业的非财务绩效。将创业成功等同于新创企业绩效的观点有其片面性。诚然，创业绩效是创业成功的重要内容，但并非全部。主要原因有以下两个方面。

从创业动机来看，创业绩效是绝大多数创业者要努力实现的主要目标，但并非所有创业者的主要目标。不乏创业者的创业动机或是情怀的追求或是价值的实现或是社会担当等。根据行为理论观点，动机不同，需求也会不同，需求的不同会影响创业者对创业结果的满意度感知，也会影响其对创业成功的理解，创业成功往往与需求的满足密切相关。因此，片面地将创业成功等同于新创企业绩效，不能全面反映不同创业者创业动机多元化的现实。同时，对同一个创业者来说，其创业目标也是多元化的，在追求创业绩效这个主要目标的同时，还会兼顾其他一些目标，比如社会声望、灵活机动的工作安排、自我主宰事业的掌控感以及想要的生活方式等，如果仅用创业绩效去衡量创业结果，衡量创业目标的实现，难免有偏失。

从创业过程来看，创业与其他普通职业存在诸多不同：和普通职业由组织驱动不同，创业是创业者的自我主动驱动；创业要比普通职业承受更高的收益与风险，自负盈亏；创业比普通职业具有更高的忠诚度，创业者与新创企业共进退，一荣俱荣，一损俱损；创业要比普通职业承担更多更大的责任，创业者并不像普通职工那样固定在特定岗位上，往往在创业企业中同时扮演着多个角色，承担多种任务和多种职责，责任重大（陈建安等，2014）。创业者在创业中发挥着极其重要的主导作用。创业，特别是小微企业的创业，其实就是创业者利用自身能力在不确定性的市场环境中识别创业机会，并整合资源采取行动对创业机会进行开发的过程。创业者的领导能力往往直接对小微企业的成长发展，特别是对小微企业的创建和早期成长发展产生决定性影响。小微企业的成功离不开创业者个人的能力发挥。当前，国内大部分创业都属于机会驱动型（GEM），创业者在启动创业实践活动后，往往会投入财力、时间等各种资源到创业机会开发中，创业者面临环境的不确定性，同时还要承担创业过程中的各类风险。由此可见，创业者和新创企业密切关联，对创业成功的界定不能脱离创业者个人成功。

本书基于创业者视角研究创业成功。一方面，创业是创业者的一种职业选择，可从职业成功的角度解读创业成功的内涵，这是创业成功的新视角（陈建安等，2014）。另一方面，新创企业的成功是创业者创业的最根本的追求，也是职业成功得以实现的手段和载体，因此，应融合创业者的职业成功和新创企业的成功来解读创业成功。创业成功是创业者在创业过程中获得的成就感，包括创业者对职业满意度和新创企业的绩效两个方面的满意性评价。

2.3.2　创业成功的维度与测量

目前学界主要利用定性、定量两种方法来研究创业成功。在对创业成功进行定量研究中衍生出了不同的客观标准：企业营业额、企业净利润、投资回报率、市场份额增长、市场增长率、企业规模、行业排名、个人财富、平均月收入等；利用定性研究分析创业成功产生了不同的主观标准：员工忠诚度、职业技能、客户满意度、管理创新能力、企业声誉、企业成长能力等。Mintzberg（1987）等认为当前可以利用主观和客观两种方法来对创业成功进行测量，而测量涉及的题项数量比较大，由此可见创业成功包含多个维度。

一些学者将创业成功等同于新创企业成功，通过新创企业组织绩效来测量创业成功。

Unger 等（2011）根据对 70 个独立样本进行元分析的结果，归纳出了创业成功的不同维度和测量方法，一是盈利性维度，主要利用企业利润进行测量；二是成长性维度，主要利用销售增长进行测量；三是企业规模维度，主要是利用雇员数量进行测量。

Rahman 等（2015）从财务绩效和非财务绩效两个方面测量孟加拉国新创企业的成功，通过"企业总体成长""企业的销售量增加""企业的利润增加""企业有较低的负债"几个题项来对企业财务绩效进行测量；通过"企业在社区创造的工作岗位数量""企业为社区的发展作出了贡献""企业获得了顾客的信任和信心""企业令顾客满意"四个题项测量非财务绩效。采用李克特五点计分法进行主观测量。

Mooradian 等（2016）在研究创业者的创新、勇气等个人特质对于创业成功的具体影响的过程中，利用创业者对企业成长、利润和竞争优势的主观感知来对创业成功进行测量，选择的测量题项包括：在和市场最强大竞争对手对比中，"你认为公司当前利润怎么样""你对公司成长有什么评价""你认为公司目前在行业中处于什么样的竞争地位"，测量方法为李克特五点计分法。

另外，还有学者认为在测量中必须要将创业绩效和创业成功区分开来，创业成功除了包括创业绩效外，还应当包括创业者的个人成功。

Paige 和 Littrell（2002）在研究创业过程中选择了美国东南部 1000 名创业者作为研究样本，发现创业者从以下两方面评价创业成功：一是企业的利润、成长；二是个人的满意和发展。

Gorgievski 等（2011）则是在荷兰面向 150 名创业者发放调查问卷，归纳出评价创业成功最重要的三个标准依次为个人满意度、企业盈利性、工作生活平衡感。

Powell 和 Eddleston（2013）在调查中选择了中小企业的 253 位创始人作为样本，分别从中小企业绩效、员工数量增长和创业满意度三个方面测量创业成功。采用与其他竞争对手对比的方式测量企业绩效，主要指标包括企业净利润、销售额增长、盈利增长率等；通过对企业过去 3 年员工增长率的计算来测量员工增长情况；利用李克特五点计分法来对创业满意度进行测量，通过受访者对以下六个题项的回答进行主观测量：有较高的名望和社会地位、在所处领域被尊敬、赚到很多钱、正充当领导角色、企业正在走向世界市场、领导规划企业的成长发展。在测量企业雇员满意度时也同样设置了五个具体题项：和同事意气相投、积极融入团队工作中、雇员能够给予充分支持、正和雇员建立一种互惠互利的关系、正提供令人舒适的工作条件。

Nuvolari 等（2016）提出可以从新创企业的经济和创业者的声誉两个维度来解读创业成功，主张运用主观方法对其进行测量。

以上是国外创业成功测量研究的大致脉络，国内学者的研究脉络也大致相同。

孙国翠（2011）指出要区分创业成功和创业绩效的测量，创业绩效的测量主要从经济指标上进行，而对于创业成功的测量，除了利用经济回报指标外，还必须要考虑到个体的主观满意度。

谢雅萍等（2016）在研究创业激情对创业成功的作用机理时，运用主观测量法，从组织创业绩效（获利性、成长性）和个人创业绩效（成长和职业生涯满意度）两个维度对创业成功进行测量。

张宝文（2018）在研究人力资本对创业成功的作用时，也是从个人（职业生涯满意度、社会声望）和组织（盈利性和成长性）两个层面测量创业成功。

综上所述，学者们对创业成功的维度划分和测量方法有所不同。将创业成功看作是新创企业的成功的学者，强调用新创企业的组织绩效来测量创业成功，将创业成功看作是创业者的成功的学者，往往兼顾对新创企业的组织绩效和创业者的个人绩效的考察。本书研究创业者的创业成功，因而，创业成功的维度划分兼顾新创企业的绩效和创业者的职业成功。借鉴谢雅萍、张宝文等学者的做法，运用主观测量法测量创业成功。新创企业绩效从盈利性和成长性等方面测量，创业者职业成功从职业生涯满意度和社会声望两个方面测量。

2.4 创业机会相关研究

创业过程的核心就是创业机会的识别、评估和利用，因而可以从创业机会的视角来研究创业成功。Shane 是创业机会论的提出者和代表者，他认为创业机会研究应努力回答以下问题：机会来源问题，机会识别问题（为什么是某些人，而不是其他人发现机会），机会开发问题（如何开发机会以及为何如此开发机会）。此后，机会论得到学者们的追随，创业是对机会进行识别、开发和利用的一系列过程的观点得到学者的普遍认同，机会论的核心地位逐步得以确立，这为创业研究找到了新的理论基础。Busenitz 指出，未来应当从创业机会有关领域来开展创业研究，分析各个创业要素和创业机会的逻辑关系，从而能够更好地解释创业活动创造新价值的内在机理（林嵩，2007）。因此，创业研究应围绕机会的识别、开发、利用展开。本节将沿着机会为核心的创业过程主线，对创业机会的概念、来源、特征、维度等问题进行创业机会的综述。

2.4.1 创业机会的概念

创业机会不能仅凭财务或者技术指标来解释，也不能凭借逻辑推理能力来判断，因此，为机会给定一个简单明了的定义并不容易（林嵩、姜彦福，2006）。

对于创业机会的内涵，学者们从不同维度进行了不同定义。国外学者代表性的观点有以下几个。

Schumpeter（1934）提出创业机会就是对现有各类资源进行创新性整合，从而创造价值并在特定市场传递价值的可能性。Kirzner（1973）认为机会是尚未被明确定义的市场需求或未利用及未充分利用的能力和资源。Amran（2015）认为，创业机会是那些新产品、新服务、新市场和新的管理方式被应用使得产品能够以高于成本价出售的情况。Staniewski（2016）提出创业机会就是那些能够满足客户不同需求，具有独特价值和吸引力的产品和服务。Lafuente（2013）认为创业机会是亟待满足的市场需求，是一个不断被发现、迭代的动态过程。

国内学者基于国外相关研究成果和对中国创业实践的理解，对创业机会形成了自己独特的见解。王玉帅等（2009）认为创业机会是通过新的"手段—目的"关系的形成进而引入新产品、新服务和新组织方式的状态。叶映华（2009）提出创业机会是对现有"手段—目的"关系的颠覆。

综上所述，可从静态和动态两个方面来对创业机会进行定义，从静态角度来看，创业机会是市场环境中具有吸引力、持久性、适时性的能够满足市场需求并创造价值的商业活动可能性，是实现创业目的的可能性。动态的创业机会是"目的—手段"关系的动态发展，是实现创业目的的可能性手段的动态演变，可以理解为潜在市场需求被识别被实现的可能性过程。

2.4.2　创业机会的来源

对于创业机会来源、类型的识别往往直接关系着后续创业机会的识别与开发。理解创业机会何时、如何以及为何存在是创业研究的焦点，也是需要解决的重要课题。基于不同的研究背景、研究视角，不同学派对于机会的来源有不同的认识。一般地，国内外学者从市场均衡和非均衡环境、客观与主观、内生和外生等方面对创业机会的来源进行阐述。经典主流的两大观点是机会发现论和机会创造论。

机会发现论基于客观主义视角，认为创业机会是先于创业者意识的客观存在，是创业者从客观环境中发现的，是外生性的，强调已有市场环境的变化、冲击创造了创业机会，而创业者只不过是扮演一个环境变化的被动响应（发现机会）角色。机会发现论的代表性人物是 Kirzner，他认为并不是所有人都能发现创业机会，只有具有创业警觉的创业者才能发现机会，而且警觉性越高，发现机会的可能性越大；创业警觉是创业者不经过刻意搜寻就能发现潜在商业机会的特质，一些创业者会带着惊奇偶然发现之前被他人忽视且可用的机会，机会发现具有"偶然性"。创业机会来源于从非均衡市场环境中发现被疏忽的机会。这些机会往往是在现有产品服务基础上进行创新完善，进而提高已有产品服务的设计和质量，其创新有限，大多属于渐进创新式机会。

机会创造论基于主观建构视角，认为机会是创业者创造出来的，它依赖于创业者而存在，主要来源于创业者的创造性想象。机会创造论强调创业机会的内生性和创业者之于创业机会的主动性。Schumpeter 是机会创造论的代表性人物，Schumpeter（1934）提出创业机会是对资源进行创造性整合，并将创造的新价值在市场进行传递的可能性。机会来源于对原有市场均衡的破坏性创新，是不均衡力量作用的结果，创造的是突破创新式机会。这些机会往往会在现有产品服务或者技术上实现颠覆性突破，从而利用新产品新服务新技术来淘汰现有产品服务。

有学者在机会创造论的基础上进一步提出机会共创观，认为创业机会是由创业者、利益相关者、外部环境等因素交互创造的产物。

此外，行为学派指出，人类行为的一个重要特征就是认知局限性，而创业机会来自创业者的主观认知，机会的产生随着认知心理结构的不同而有明显的差异。

关于创业机会的具体来源途径，学者们也进行了较为深入的研究。Drucker（1985）认为创业机会都是来自"变化"，他在《创新与企业家精神》指出，创新机会可以被系统地研究、找寻和发现，主要来自以下七个方面：①意外情况；②与预期不符的实际；③建立在程序需要基础上的创新；④产业结构或者市场格局出现变化；⑤个体特性的不同；⑥情绪情感和认知思维上的改变；⑦新学科新技术的出现。随后，"从变化中寻求机会"的观点得到了学者们的认同，技术变革、政治变革、社会与人口变化都会带来机会。

国内学者王重鸣将创业机会来源研究归结为三种思路。存在思路认为创业机会来源于对市场缺陷的发现。市场缺陷是客观存在的，但机会的产生会因认知心理结构的不同而有明显的差异。结构思路认为创业机会是创业者社会网络中结构洞的衍生物；创造思路则认为创业机会是创业者利用个人能力和想象创建的。

综上所述，创业机会来源于创业者对变化的市场中的市场需求的认知和开发。它是一种潜在的市场需求，但对需求的认知和开发依赖创业者的主观价值判断，是创业者对潜在市场需求认知、开发的产物。

2.4.3　创业机会的维度

从动态视角来看，创业机会可以理解为潜在市场需求被发现被实现的过程，是一种"目的—手段"关系的动态发展过程。机会也具有生命周期，从其生命周期来看，这个过程包括创业机会识别、创业机会开发和创业机会发展三个阶段。

2.4.3.1　创业机会识别

创业机会识别是创业领域中的一个核心问题。创业从本质上来说就是识别、开发和利用创业机会的持续性过程。创业机会的识别是创业实践活动的首要环节。创业者要想新建企业并从中获得财富回报或者实现自我价值，首先必须得识别出可行的有价值的创业机会。因而，创业机会识别是创业研究的一个核心主题。

（1）创业机会识别的概念

创业机会识别是评估创业想法并将其概念化的过程。Ardichvili（2003）认为创业机会识别是对于特定投资机会的选择。Baron（2006）认为创业机会识别是个体在复杂多变的市场环境中产生新创意的一种认知过程。Ozgen 和 Baron（2007）提出机会识别是创业者对于市场环境中资源要素的感知模式。Kuckertz 等（2017）指出机会识别是通过创业警觉积极搜索潜在的创业机会。可见，创业机会识别是创业者对创业机会的认知和选择。

目前学界对于创业机会是客观存在还是由创业者主观创造的还存在研究争议。有的学者认为机会是市场中的客观存在，机会识别就是在不确定性环境中对于潜在的客户需求进行搜寻的过程。基于搜寻发现的多是套利型机会，创业者的先验知识、创业警觉和有关信息资源会影响机会的识别过程；还有学者认为机会就是创业者进行不断想象和创造的产物，是创业者在对环境的感知理解中所从事的创新性过程；还有学者综合了客观性和主观创造的研究观点，如 Comrey A L（1973）指出，创业机会识别就是创业者发现市场中存在的机会并在此基础上进行创造的过程，还有学者在研究中直接避开机会有关属性，认为创业者在面对市场出现的新产品新技术机会时，一般都会利用结构组合型认知来对这些创业机会进行选择。不论机会是发现的还是创造的或是发现与创造的集合，从过程来看，创业机会识别是创业者基于对机会的价值和可行性的主观认知并将其概念化的过程，这个过程是机会认知过程，也是一个创业构想过程。来自环境的客观信息和创业者特征对机会识别都是至关重要的，在机会识别过程中，既要考虑特定的创业环境及机会特征（市场需求的大小、持久性、机会窗口等），又要考虑创业者自身的创业要求条件（创业动机、创业目标、特质、能力、资源等）。从需求和资源匹配的视角看，创业机会识别主要涵盖了三个不同的过程：①感知市场的需求或者未被充分利用的资源；②识别或发现不同市场的需求；③从商业概念的角度出发，把握现有需求和资源之间的平衡关系（张玉利，2016）。

　　综上所述，本书认为创业机会识别是通过对创业环境、机会特征、创业者需求、资源和能力的反复权衡比较，以实现创业机会的客观属性与创业者的自身要求条件相匹配的机会发现或创造过程，是基于对创业想法潜在价值和可行性的认知，将创业想法转变为切实可行的商业概念的过程，是机会认知过程，也是一个创业构想过程。

　　（2）创业机会识别的维度与测量

　　Gnyawali 等（1994）提出对创业机会进行识别时必须要充分考虑机会的持续性、盈利可能性、机会大小及开发障碍等问题。Longenecker 和 Moore 等人制定了五项基本标准来对机会进行评价，即产品服务是否满足潜在客户需求并有明确市场定位；市场时机是否恰当；创业企业能否形成可持续性竞争优势；是否能够获得较高的资产回报率；机会自身是否存在致命缺陷；创业者和创业机会是否契合。

　　Ardichvili（2003）从探寻到的价值（机会潜在市场价值的可知性）和创造价值的能力（创业者拥有的创业相关资源和能力）两个维度描述创业机会并将机会划分为以下四个类型（见图 2-4）。

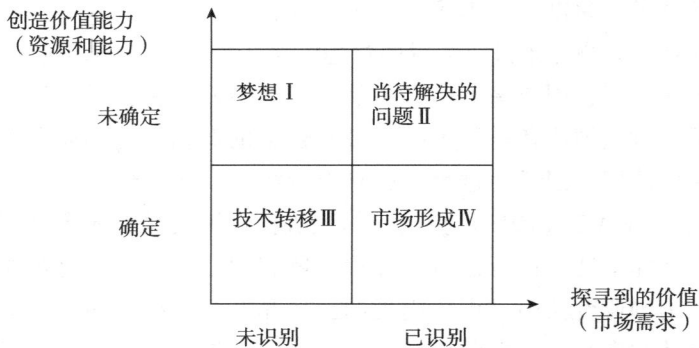

图 2-4　Ardichvili 等（2003）创业机会维度划分

　　McCartan（2003）概括创业机会识别的维度和过程为：第一步，判断新产品新服务在未来市场的盈利价值和发展障碍；第二步，分析风险、机会窗；第三步，设计产品（服务）实施方案，预想如何对产品服务进行批量生产并确保质量；第四步，大致估算研发生产新产品新服务需要的投资额度，并制定不同渠道的融资策略；第五步，预判创建企业面临的各类风险并提前制定风险管理预案。

　　侯杰泰（2004）认为创业者对于创业机会的选择判断可以依据以下几个要素：机会能够创造的初始市场规模；是否具有好机会的一般特征；机会转

化为创业实践的可能性；机会市场规模增长速度。

林嵩等（2006）从产品和市场两个维度描述创业机会特征。产品维度，主要指新产品具有的优势，包括产品的技术门槛、成本优势和市场竞争优势等；市场维度，主要指创业所处行业的市场环境，包括市场的竞争程度、市场规模大小、市场成长空间和市场网络关系等。

苗青（2006）从机会特征视角来研究创业机会识别，提出创业机会识别是对机会多维度特征的识别。创业机会包括五个维度的特征，即独立性、潜在值、实践性、可取性、新颖性。机会的五个特征还可进一步概括为两个特征：盈利性和可行性，从而构建了基于机会多维度特征的创业机会识别的二阶六因素模型。黄金睿（2010）在创业机会识别中引入了创业网络和环境特性维度，具体分析了创业机会的可操作性以及未来的盈利可能，基于 Bhave（1979）等学者的研究创建了包括 6 个题项在内的量表。

综上所述，学者们主要是从创业机会的特征和实现的可能性两个方面来探讨机会的识别，在对创业机会的特征进行分析的时候，最终落脚点在于机会的盈利性，在对创业机会的可行性进行分析的时候，强调机会与创业者的契合。创业者在对潜在机会进行识别时必须既要注意机会因素又要考虑到包括但不仅限于资源、能力的创业者因素的观点已得到学者们的普遍认同。借鉴苗青的研究成果：创业机会的特征维度包括盈利性维度和可行性维度，基于现实中很多创业并不完全是出于对利润的追逐，而可能基于某种情怀或是价值实现或是社会担当，本书认为创业机会的价值性比创业机会的盈利性具有更广泛的意义和更深刻的内涵，能更好地反映创业现实，也能更好地激励创业者。因而，本书认为创业机会包括价值性和可行性两个维度，创业机会识别也就包括价值性识别和可行性识别两个方面。价值性识别包括经济性价值识别和非经济性价值识别。经济性价值识别主要从经济回报，利润获得方面来识别机会所蕴含的潜在价值。在判断机会盈利性时要重点关注整体的宏观经济形势、产业环境和市场竞争对于机会盈利空间的影响，侧重于机会所在行业的竞争态势、外部环境影响下的利润空间等，反映的是创业机会的客观的经济性价值。而非经济性价值识别则更多的是创业者对机会的一种主观价值认同，它强调机会对创业者需求的满足，包括情怀的追求、价值的实现、社会担当等多个方面。机会的价值性识别回答的问题是：这是不是一个有价值的机会。机会的可行性，是指将创业机会转变为创业实践并实现创业目标的概率，也就是将机会转化为预期回报的可能性。创业者的特质、领导管理能力、社会资源对于机会开发结果具有决定性影响。可行性识别实际上就是创业者将创业机会因素和创业者因素进行匹配的过程。它要回答的是：这是不是一个适合我的有价值的机会。

（3）创业机会识别的作用机理

Bhave（1994）提出机会识别概念模型，认为机会识别是两个并行的线性过程，分别受外部的刺激和内部的刺激进而形成商业概念的识别，并最终创建企业。一个线性过程就是外部刺激引发主体创业决定—通过搜寻来识别机会—机会选择，而另一个线性过程则是创业者在受到内部刺激后产生创业需求—需求匹配—识别市场出现的商业机会。创业者在识别有关商业概念的过程中就能够完成对两个并行线性过程的整合来新建企业。因此，创业机会识别是外部环境刺激和创业者内在创业需求交互作用的结果。

Anderson（1998）在研究中建立了涵盖 8 大类共计 53 项指标的创业机会评价框架，主要从企业家个人特质、创业团队管理、创业机会缺陷、市场回报能力、竞争优势和战略差异等方面对创业机会进行评估。蒂蒙斯（1999）提出的机会筛选模型，强调通过量化方式对行业和市场、个人资源、机会缺陷、盈利可能等进行分析判断，以识别有足够吸引力的商机。

Whittlesea（1997）、Solso（1999）构建机会原型模型来解释创业机会是如何被识别的。创业机会原型是机会的核心属性，包含新颖性、可行性、奇特性、独立性等。机会识别可描述为：①创业者机会识别前就已经具有了一定的机会原型；②创业经历中对原有机会原型进行修正完善，形成个体独特的机会原型；③对比机会原型与现实中的产品和市场是否相近，实现对机会的识别。

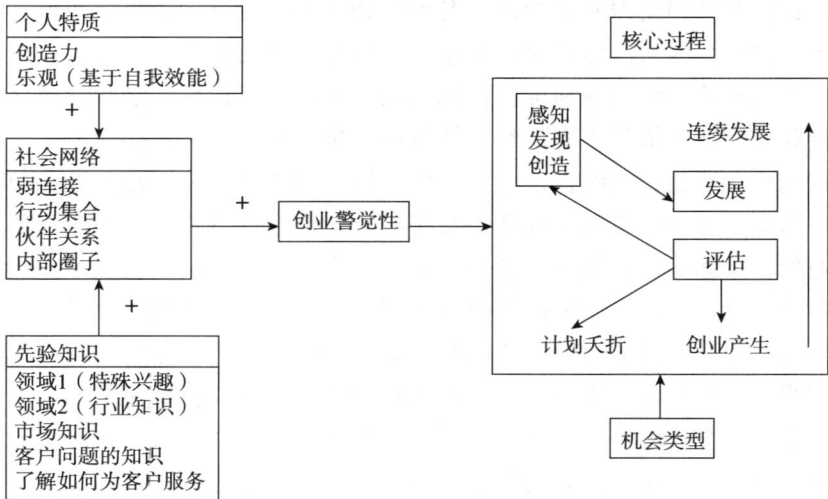

图 2-5　Ardichvili 等（2003）的创业机会识别模型

Lindsay 和 Craig（2002）认为创业机会识别过程分为以下三个阶段：①机会的搜寻。即在市场环境中寻找潜在的创意，当意识到特定创意具有转化为商业机会的潜力后，就可以转去下一识别阶段。②机会的识别。从搜寻的创意中来继续筛选符合创业条件的机会，首先识别创意中的常规机会，从对宏观市场环境和行业发展态势的把握上来判断该机会是否能够成为具有商业价值的机会；其次是个性化机会识别，即考察该机会是否能够和特定的创业者进行匹配。③机会的评估。从机会需要的初始投资规模、创业团队的组建等方面更为全面深入的评估，以决定是否组建企业，吸引投资。

Ardichvili 等（2003）构建了创业警觉对创业机会识别的作用机制模型，其主要内容为：①在影响创业警觉的不同因素中，先验知识和社会网络扮演着关键角色，通过创业警觉影响创业机会的识别。良好的社会网络和先验知识与经验提升了创业者相关领域的创业警觉，而创业警觉的提升促进了创业机会的识别。②机会可能是发现的，也可能是创造的，因而创业机会识别主要过程为：机会的感知、机会的发现或创造、机会的评估。③实证研究表明创业警觉对机会识别具有显著正向影响。

Renko 等（2012）将创业机会分为实际机会（市场环境中客观存在的机会）和感知机会（创业者主观感知到的机会），并提出了创业机会识别的综合性理论模型（见图 2-6）。他们认为创业机会识别是创业者对市场环境中客观存在的机会的主观认知。创业机会识别会受到市场环境因素和创业者自身因素中的创业警觉的影响。市场环境因素会影响创业者对市场需要和满足市场需要的方式的感知，而创业警觉会影响创业者对创业机会的认知，二者共同作用，并最终影响创业机会的识别，创业机会识别存在四种可能的结果：错失机会（未感知到客观存在的机会）、识别机会（准确地感知到客观存在的机会）、未识别机会（未感知到机会）和错误警觉（感知到并不存在的机会）。研究结果表明，市场环境中的有利条件和创业警觉都能够促进创业机会识别，即准确地感知到客观存在的机会。

创业机会识别是通过对创业环境、创业机会特征、创业者需求、资源和能力的反复权衡比较，以实现创业机会的客观属性与创业者的自身要求条件相匹配的机会发现或创造过程。创业机会识别重点是论证机会的可行性和价值性，因为机会的价值性和可行性判断会影响创业者的创业热情、创业动机、创业投入，并最终影响创业成功。创业机会识别会受到创业者的创业警觉、先前经验、社会网络等因素的影响。

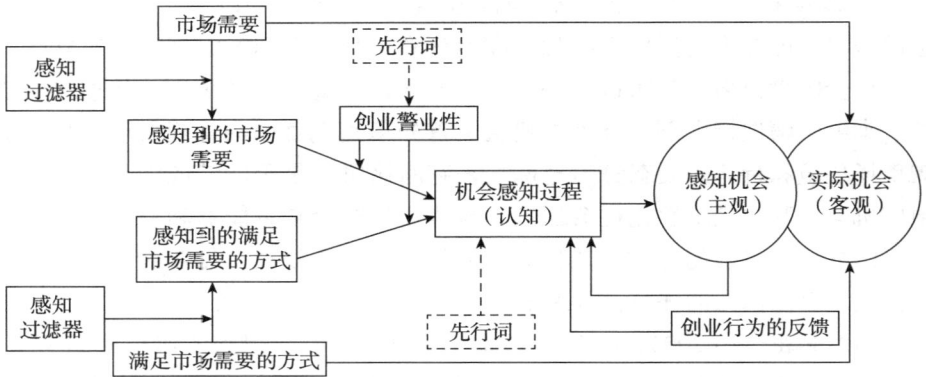

图 2-6 Renko 等（2012）的创业机会识别的综合性理论模型

2.4.3.2 创业机会开发

（1）创业机会开发的概念

创业机会开发是创业者成功创建企业的必经过程，直接影响着创业者是否能够创建新企业。创业机会开发是指从企业创建到企业正常运转的过程。机会开发本身就内含对机会的追寻和对价值的创造，主要包括以下内容：对不同的潜在市场需求的调查、对新技术新服务的研发测试、创业团队的建立，资金、信息等不同资源的整合以及努力获得投资机构、政府以及雇员等的支持。

March（1991）提出创业机会开发实际上就是创业者建立具有较高运行效率的能够获取利润的商业系统并将其付诸实践活动的过程。

Eckhardt 和 Shane（2003）在研究中提出，创业者利用个人感知来创建新的目标—结果框架的过程。

Choi 等（2008）提出创业机会开发就是创业者利用不同的资源来将识别出的商机转化为稳定的生产活动，并为市场提供产品服务的过程。

Farmer 等（2011）则提出创业机会开发就是创业者利用自身已有的资源来将前期搜寻发现的商业机会进行概念化并进入特定市场的活动。

Kuckertz 等（2017）认为机会开发是创业者整合人力、资本、信息等资源，创造企业，提供产品或服务以获取利润的行为。

陈海涛（2007）提出创业机会开发是创业者发挥个人能力，整合创业资源，开发新产品，提供新服务，开辟新市场，进而创造价值的行为。张宝文（2018）指出创业机会开发就是创业者利用不同资源将商业概念转化为市场中的产品或服务并从中获取利润的战略行为。

综上所述，虽然学者们对创业机会开发的界定不一，但其内涵基本一致，创业机会开发是创业实践活动，涉及资源整合、新产品、新服务、新市场以及价值创造等内容。本书借鉴张宝文的研究成果，认为创业机会开发是创业者利用各种可控资源将商业概念转化为市场中的产品或服务并从中获取利润的战略行为，是将商业化概念转化为创业实践并创建企业的过程。

创业机会识别和创业机会开发在概念上存在部分重复的内容，但识别与开发是两个不同的概念。首先从过程先后顺序来看，创业机会识别发生的时间要早于创业机会开发。创业机会识别是创业活动的起点，潜在创业者只有在识别机会后才有可能做出决策对创业机会进行开发，并通过资源整合和团队构建来将机会转化为创业实践。其次是两者追求的结果不同，机会识别是从不确定性市场中挖掘潜在的有价值的市场需求并将转化为商业概念。机会开发则是将商业概念转化为创业实践，并创造价值。

（2）创业机会开发的维度与测量

对创业机会开发开展相应的测量以及评估工作，是开展创业机会定量研究的基础，也是创业研究的重点问题。相关研究主要有：

Milliken（1987）对创业者所具备的关系社会资本进行了研究，分析其对创业机会开发的影响。在研究的过程中，设置相关题项，从资金的投入、厂房以及设备的投入、人力资源的投入三个方面测量创业机会开发。

Mintzberg（1989）的研究探讨了模仿型机会开发与创新型机会开发两种机会开发方式和创业绩效之间的关系，在研究过程中，构建了一个涵盖 6 项指标的机会开发量表，在量表分析过程中，从产品创新、技术可行以及工艺变革三个角度测量模仿型机会开发；从"向市场提供新产品或者新服务""开发新的或更为先进的产品和技术"以及"企业专利、版权以及使用商标等资本"三个角度测量创新型机会开发。

Miller（1994）以企业创业者作为研究的案例，对创业动机、机会开发与资源整合之间的关系进行了深入研究。在研究的过程中，将创业机会开发分为两种不同的形式，即创新型机会开发和均衡型机会开发，然后，采取 Picot（1974）和 Arrow（1989）的相关研究观点，从"提供更优性能的产品以及服务""开拓新市场"以及"追求更高的风险和收益"这三个方面测量创新型创业机会开发，从"提供目前实际的产品以及服务""发展目前的市场业务"以及"追求较低的风险和收益"这三个方面来测量均衡型机会开发。国内学者王旭和朱秀梅（2010）借鉴 Miller（1994）的研究成果，在探究我国科技型企业的创业动机、创业机会开发与资源整合之间关系的过程中，也将创业机会开发分为两种形式：创新型机会开发和均衡型机会开发，并借鉴 Miller 的相关量表进行后续的测量以及分析。

陈海涛（2007）和李海垒（2013）在研究过程中，利用了突破性创新以及渐进性创新理论，同时借鉴 Dewa 和 Dutton（1986）的研究成果，将机会开发的方式分为两种，分别对应创新型机会开发方式以及均衡型机会开发方式，利用"创造全新的产品进行销售""在产品的设计过程中经常引入新的设计理念和设计方式""是本行业内引进的全新技术"以及"公司是新工艺、技术的研究者"等题项对前者进行测量。利用"公司在产品类型以及服务等方面进行产品的创新，并且在市场中进行销售""公司在目前发展的技术基础上，根据实际的情况经常革新技术"以及"公司经常针对目前的工艺流程进行改进和创新"等题项对后者进行测量。

张秀娥（2012）在研究的过程中，主要通过企业战略来描述机会开发方式，提出了三种创业机会类型，其中的内容分别对应为技术导向型、市场导向型以及国际导向型，并且在实证研究中，分别设计了 6 个、5 个以及 2 个不同的题项进行测量，利用这种方式针对 71 家创业企业开展了相应的实证分析。

张宝文（2018）在探讨创业者人力资本、创业机会开发与创业成功之间的关系的过程中，将创业机会开发分为渐进创新式机会开发和突破创新式机会开发，并用以下三个题项对前者进行测量：公司产品式样、服务等方面进行了改进；本企业经常改进现有技术和工艺流程；本企业对营销方式（如价格、促销手段、销售渠道等）进行调整与改进；用以下三个题项对后者进行测量：本企业重视发展专利、版权或商标等智力资本；本企业是新工艺、技术的创造者；本企业开拓了新市场。

目前，有研究重点考察新创企业的战略，以期从企业战略视角描述创业机会类型及创业机会开发方式，并对其进行测量；但更多的研究则是根据机会的新颖性来划分创业机会类型，进而划分创业机会开发方式并对其进行测量。虽然创业机会开发的划分方式存在一定的差异，但是大多数研究仍然按照创新程度的高低对其进行分类分析，不论是创新型机会开发还是模仿型机会开发，抑或是创新型机会开发以及均衡型机会开发，从本质上来看都是按照创新程度的高低进行划分的。

本书以渐进式创新和突破式创新理论为依据，综合以上学者的研究成果，借鉴张宝文的观点，进行创业机会开发的维度划分和测量，将创业机会开发划分为两个维度：突破创新式机会开发和渐进创新式机会开发。突破创新式机会开发是指通过开发新技术，创造新产品，开辟新市场来对现有市场竞争和产业结构进行重大调整，是一种创造性颠覆式的改变，呈现出不连续性特征，是一种创新程度较高的开发方式，它可以有效地激发出新的潜在需求，衍生出新的消费模式，从而改变市场中的供给组合。渐进创新式机会开发是指在现有的市场、产品、技术基础上进行一定的革新升级，从而提高这些产品和服务对于消费者的吸引力，并从中获取创业租金。它是对已有的特定目标—手段框架进行优化，一般表现为改进目前产品存在的缺陷，增强现有的服务质量，拓展目前的产品线等形式，这种创新广泛存在于现有的产品和市场范围内，强调对现有产品和市场范围内的资源的合理利用，是一种创新程度较低的开发方式。

2.4.3.3　创业机会发展

（1）创业机会发展的内涵

创业是围绕机会的识别、开发、利用而展开的动态持续性过程，这已得到学界的普遍认同。从文献分析来看，学者们重点研究了创业机会的识别，逐渐重视创业机会开发的研究，而忽视了对创业机会的利用和发展的研究，目前暂未发现有文献明确提出创业机会发展的概念并对其进行研究。

但事实上，创业机会识别、创业机会开发和创业机会发展是创业成功必不可少的三个环节。创业机会识别是创业的首要环节，意义重大，如果机会识别错了，那么后续的创业过程只能是一错再错；创业机会开发是创业的最为关键的环节，涉及机会开发方式的战略选择和具体的实施行为，关系到新企业的创建，对创业成功影响最大。企业创建后，还需要通过后期的创业运营管理实现机会的进一步利用和发展，以保持创业的可持续发展，实现创业成功。这是实现创业成功不可或缺的一个过程，我们将这一过程称为创业机会发展。创业机会发展既可以是对现有机会（当前正在开发的机会）的深度挖掘和充分利用，也可以是新的市场环境下对新机会的追寻。

创业机会发展是企业创建之后的运营管理，既包括有效领导和激励创业员工，合理配置企业内部资源，平衡协调各种关系等方面的日常管理，又包括动态环境下的战略管理和创新发展。创业机会发展既具稳定性又具发展性。稳定性是指，强调以原有机会（当前正在开发的机会）为核心进行开发，对其进行深度挖掘和充分利用。一方面，通过对创业企业现有的资源的优化配置和有效管理，提升企业内部运作效率，提高新创企业组织绩效，实现新创企业的稳步发展，进而促进创业成功。另一方面，当创业遭遇困境时，不轻易放弃，而是想方设法克服困难，坚持对原机会的开发，兑现承诺，避免失败，为创业成功争取可能性。发展性是指，当原机会（当前正在开发的机会）失去发展前景时，应实时调整战略，寻求新的发展机会，实现创新发展。

创业运营管理往往和创业的动态能力紧密相连。Teece 等（1997）认为，创业动态能力就是一种可以重新配置内外部资源及能力的创业者能力，它不仅可以对目前的企业资源进行升级优化，同时可以帮助企业更好地面对复杂多变的创业环境。作为一种能力，创业运营管理能力本质上是创业动态能力，包括常规的企业管理、创业承诺、战略管理和创新发展等多方面的能力。在相对稳定的环境中，且原有机会仍然具有开发价值时，创业者高水平的常规的企业管理能力能够促进对原机会的深度开发和充分利用，进而促进创业成功；当创业面临困境时，创业者的创业承诺能力，能帮助创业者克服创业困难，坚持创业；当创业环境复杂多变，且原机会失去开发价值时，要求创业者必须具有战略柔性能力，能够寻求新的发展机会，并及时修正企业发展方向，实现创新发展。

（2）创业机会发展的维度及作用机理

将创业机会发展理解为创业运营管理，它代表企业创办完成以后，对其内部开展有效的管理，不仅涵盖了日常管理，同时还包括组织内部的资源配置和创新发展。因此，在后续研究过程中，可以从企业管理、战略管理以及创业承诺等多个不同的角度研究创业运营管理对管理效率的影响（Ardichvili 等，2003；马鸿佳等，2010）。

Wang 和 Ahmed（2007）梳理了学者们的研究成果，研究结果显示，运营管理的作用机理可以从以下两个方面展开分析：一是对企业现有资源的合理利用和调整，利用这种方式更有效地开发创业机会；二是具备柔性，能够根据外部的变化及时地调整企业发展的方向，更好地满足市场发展的需求，这有助于创业成功。

此外，创业运营管理的作用还可以经由创业承诺来实现。创业承诺是创业者认同并参与创业活动的程度，是创业者在情感和行为上致力于取得卓越成就的反映（张秀娥、王超，2020），能够体现创业者坚持创业的决心和情感、精力以及资源等方面的投入程度，也是影响创业的重要影响因素。创业承诺会影响创业的投入和对创业的坚持，特别是当创业遭遇困难时，创业承诺能帮助创业者坚定信心，坚持创业，从而促进创业成功。

2.4.3.4　本节小结

创业就是识别市场中尚未被开发的创业机会并整合资源对其进行开发利用的过程，是以机会为核心展开的过程，是由一系列的创业认知和创业行为所组成的过程。本次论文在研究的过程中，从动态视角出发，针对创业机会进行研究，从创业机会的识别、开发、发展三个不同的维度展开分析。

创业机会识别是创业者基于对机会的价值性和可行性的主观认知并将其转化为商业概念的过程，这一过程可分解为机会的感知、机会的发现或创造以及对机会是否可行的评估，它既是一个认知过程，也是一个创业构想过程。机会识别涵盖价值性识别和可行性识别。价值性识别又包括经济性价值识别和非经济性价值识别。经济性价值识别也称为盈利性识别，主要从市场规模、成长潜力、利润获得等方面来识别机会的价值，是通过对宏观环境、产业及市场环境的分析获得的关于机会的盈利空间和持续成长的价值判断。而非经济性价值识别则更多的是创业者对机会的一种主观价值认同，涉及的是机会对创业者需求的满足，包括情怀的追求、价值的实现、社会担当等多个方面，归总为能够满足个人的创业目标。机会的价值性问题的回答是：这是不是一个有价值的机会。机会的可行性，就是开发机会并且利用这种机会获得预期回报的可能性。创业机会开发是创业者利用各种可控资源将商业概念转化为市场中的产品或服务并从中获取利润的战略行为，涉及机会开发方式的战略选择及其具体实施行为。创业机会识别、开发决定了创业的大体方向和大致过程。但这个过程还需要后续的创业运营管理以实现机会的进一步利用和发展，进而促进创业成功，我们把这一过程称为创业机会发展。创业机会发展实质上是创建企业后的运营管理。

2.5　创业环境不确定性研究

2.5.1　创业环境不确定性的内涵

环境是决策者做决定时需要考虑的与之相关的物质要素和社会要素。创业环境是在创业过程中发挥作用的要素集合，包括外部环境和内部环境，外部环境包括其他个人、群体和组织，内部环境包括成员之间的人际关系及其互动。目前，关于创业环境内涵的主流观点有以下几种：第一种观点将创业环境视为创业活动得以开展的平台，是影响创业活动的外部条件的总和；第二种观点将创业环境视为影响创业行为的前置变量；第三种观点认为创业环境是一个包含多个相互依存、相互作用的子系统的系统，强调创业环境的系统化，整体性（周键，2017；陈琪、金康伟，2008）。

奈特认为，人们在进行各种经济活动时，不确定性是非常普遍的现象。不确定性是目前经济管理领域经常使用的基本假设。Milliken（1987）和米歇尔（2002）从个体感知的角度进行了对应的分析，并且在研究的过程中将不确定性分为三种不同的类型：第一，状态的不确定性，表示无法准确有效地判定目前所在环境，或者无法判断以及预测所处环境的动态变化方向。第二，效果的不确定性，即无法对环境因素对组织发展的影响做出准确判断。第三，反映的不确定性，就是在针对环境变化进行决策分析的过程中，无法准确地预判分析决策可能造成的各种不同后果。

龙丹（2009）从不确定性程度着手研究，并且将其分为两种不同的类型，一类可以利用统计手段进行预估和衡量，这种不确定性被称为"风险"；然而，另一类不可以利用统计手段进行预估和衡量，这种不确定性可以直接被称为"不确定性"。孙耀君（2009）对战略决策过程中产生的不确定性进行了有效的分析，他将详细分析和筛选以后仍然存在的不确定性叫作"剩余不确定性"，并且将这种"剩余不确定性"分为四个不同的层次：第一，前景明确具体，第二，存在几种可以选择的前景；第三，在一定变化范围内波动的前景；第四，前景完全模糊，这几个不同的层次按照不确定性程度递增排序。

创业环境不确定性是指创业过程中不可避免地出现的各种不确定性。能否较好地应对环境不确定性，这会直接影响企业的后续发展与成败（王伟毅和李乾文，2007；李晶和项保华，2008）。创业环境中存在的不确定性非常复杂，并且具有多维特性，因此，目前学术界对其的认识仍然存在分歧。

在实证研究中，目前国内外关于创业环境不确定性的研究主要是从创业环境的特征展开分析，研究发现创业环境主要有复杂性特点、动态性特点和敌对性特点，并基于对创业环境的特点、特征的分析，学者们进一步开展对创业环境的维度和作用的研究。

2.5.2　创业环境不确定性的维度

从创业环境的特点、特征的分析出发，学者们对创业环境的维度划分提出了不同的看法。

Thompon（1967）使用异质性以及动态性来对环境中的不确定性展开分析。异质性指的就是各种不同环境要素之间存在的差异程度，动态性指的是环境中各种不同因素存在的不可预测的变化情况。

Child（1972）指出创业环境包括三个维度，除动态性与异质性外，还应考虑其丰裕度。丰裕度描述环境中资源的可获得性，指资源的获取相对容易。

Duncan（1972）针对环境的不确定性展开了深入研究，并且将其分为复杂性和动态性。国内学者陈熹等（2015）在对环境不确定性进行研究的过程中，也从复杂性和动态性两个维度分析环境不确定性对创业企业发展的影响。

Mintzbeg（1973）主要从市场角度描述环境的不确定性，认为其包含三个维度：市场的多样性、复杂性及市场环境的敌对性。

Jansen（2006）在研究环境不确定性对创新方式（分为开发式创新和探索式创新）与创业绩效之间关系的调节作用时，从动态性和竞争性两个方面对环境中存在的不确定性进行测量。国内学者陈收和潘志强（2014）借鉴这一测量方式，研究环境不确定性对竞争战略与企业绩效之间关系的调节效应。

Lumpkin 和 Dess（2001）采取动态性以及敌对性分析环境不确定性。敌对性描述环境中资源和机会的匮乏程度，表示市场中的竞争形势比较激烈。国内学者李大元（2008）也从动态性以及敌对性两个方面分析环境不确定性，并基于此测量环境不确定性对企业战略能力与企业持续优势之间关系的调节效应。

本次论文在研究的过程中，参考学者 Lumpkin 和 Dess（2001）以及李大元等（2009）的研究成果，即从动态性以及敌对性两个角度来分析创业环境的不确定性。

环境动态性与变化有关，是指企业所处环境的变化程度（李大元，2010）。环境的动态性通常体现为：产品、技术快速更新迭代，人口统计特征显著变化，消费者偏好不断变化，行业政策不连续等方面。环境的动态性是把"双刃剑"，可能对创业产生消极的影响，也可能对创业产生积极的影响。当前研究更多的是关注动态性的消极影响，少有关注动态性的积极影响。消极影响方面，它会降低创业者预判未来以及对组织产生影响的能力。动态性水平很高的环境中，创业者很难预测消费者的需求，也无法预判政策的变化、新产品新技术的发展前景和行业的发展趋势，这会严重影响创业者的决策结果，削弱创业者对企业的影响力和控制能力。此外，技术的快速更新迭代，消费偏好的不断变化，会导致现有产品和服务容易被淘汰，意味着原有机会的发展面临严峻挑战。积极影响方面，"变化"带来创造与众不同的事业机会，技术变革、政治变革、社会与人口变化都会带来机会，"从变化中寻求机会"的观点得到了一些学者们的认同。虽然，技术的快速更新迭代以及消费偏好的不断变化等，会导致出现现有产品以及服务被淘汰的问题，但也正因为如此，需要开发新的技术和产品以免被淘汰，这蕴含着新的机会。

环境敌对性一般被认为是环境宽松性的对立项，表明了环境中存在的竞争的激烈程度。环境的敌对性意味着创业机会开发的难度更大，这一方面需要创业者具有更强的机会识别能力，识别出能和自己可控的资源、能力等各方面相匹配的机会，以增强敌对性环境下机会开发过程中企业的抵御风险的能力。另一方面要求创业者以创新的方式开发机会，以创新求发展，独辟蹊径，获得竞争优势。

目前，对于环境不确定性的实证研究，主要有以下四种不同的视角。一是将环境不确定性当作调节变量，研究其对前置变量和创业结果之间关系的调节效应（周键，2017；张宝文，2018）；二是将环境不确定性视为自变量，分析其对创业意愿、机会识别、组织结构以及创业结果等方面的影响（李大元，2010；黄金睿，2010）；三是将环境不确定性当作控制变量（赵文红等，2015），探讨创业因素之间的关系；四是将环境不确定性当作中介变量，分析变量间存在的间接效应。其中，将创业环境不确定性当作调节变量的相关研究最多。

本研究将以环境的不确定性为调节变量，从动态性和敌对性两个维度测量环境不确定性对创业机会和创业成功之间关系的调节作用。

2.6 本章小结

本章主要是对本书涉及的创业相关理论内涵和研究现状进行阐述，对本书研究的四个变量（创业者社会特质、创业成功、创业机会、环境不确定性）的具体内涵进行解读进而阐释其维度划分。第一，对本书的理论基础进行介绍和阐释，包括创业过程理论、资源基础理论、组织印记理论、人职匹配理论四个方面。第二，对创业者社会特质的相关研究进行了梳理，在把握创业者特质内涵的基础上，结合创业实际的特点，将其划分为个体特质和社会特质两个维度，然后阐释创业者社会特质内涵及其维度划分。第三，对创业成功的相关研究进行了梳理，主要包括创业成功内涵的解读和创业成功的维度及测量。第四，对创业机会的概念、来源、维度的相关研究进行了梳理，从动态视角将创业机会划分为机会识别、机会开发、机会发展三个维度，重点阐述了三个维度的内涵、作用机理及测量。第五，对创业环境的内涵、维度进行综述。通过对本书理论基础和相关变量的文献梳理和理论思考，为后续的相关研究打下了坚实的基础。

第 3 章　创业者社会特质对创业成功的影响机理分析

3.1　概念模型

当前创业热情高涨，但创业成功率较低，如何更好地促进创业成功是一个值得重点研究的课题。在创业过程中，创业者处于主导地位，发挥着重要作用，是新创企业的主要竞争力来源之一。创业者既是创业资源的支配者，又是创业网络的核心，其特质会对资源的利用方式和效率产生很大的影响。如何激发创业者自身潜质，以识别、开发创业机会，促进创业成功，成为亟待解决的问题。既有研究认为创业者具有一些区分于非创业者的独有特质，这些特质具有相对稳定性和持久性，会影响创业绩效。这些特质有的与生俱来，主要受先天基因遗传的影响，更为稳定持久；而有的则主要是创业者在社会化过程中形成和塑造的，是创业者社会化的结果，具有一定的可塑性和相对稳定性。本书将创业者特质中受社会化影响明显，在创业者的社会化过程中得到培育和发展的特质称为创业者社会特质。在创业实践过程中，创业者们已经意识到了社会化创业特质的重要性，着手培育发展所需社会化创业特质，并利用它们集聚创业资本，整合创业资源，开发创业机会，促进创业成功。这些社会化特质能在社会化过程中得到培育和发展，因而对创业成功具有更大的意义。因此，本书以创业者社会特质为切入点研究创业成功，结合文献分析和创业访谈情况，提出本研究的概念模型（见图 3-1），认为创业者社会特质会对创业成功产生正向影响，创业机会在创业者社会特质与创业成功之间发挥中介作用，而创业机会作用的发挥会受到所处的创业环境不确定性的调节。

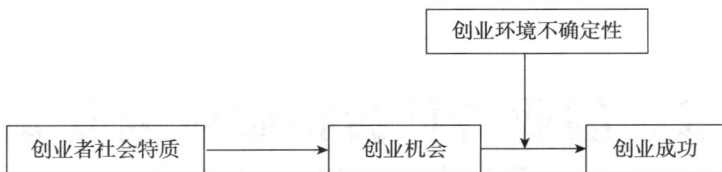

图 3-1　本研究概念模型

3.2　创业者社会特质与创业成功的关系

创业者社会特质包括创业警觉、创业自我效能感、先前经验和社会资本四个维度。创业成功主要指创业者自我主观评价的成功，涵盖新创企业的组织高绩效和创业者职业成功两方面。现对创业者社会特质与创业成功的关系进行分析。

3.2.1　创业警觉与创业成功的关系

创业警觉指的是创业者不经过刻意搜寻就能发现创业机会的个人潜质，是一种动态发展的认知模型，它代表创业者对市场信息、市场行为的敏锐性，也代表创业者的信息搜寻能力、价值发现能力和商业构想能力。

创业警觉对创业成功的重要性已经得到学者们的广泛认可。创业的核心就是识别市场中尚未被开发的创业机会并整合资源对其进行开发利用。一方面，创业警觉通过促使创业者识别、选择合适的创业机会从而实现"人—机匹配"来促进职业成功，提高创业者的职业满意度。另一方面，创业警觉通过尽早识别机会获得先动优势和促进创新提高资源整合开发的效益，促进组织绩效的提升。

（1）创业警觉通过促进"人—机匹配"的实现来促进职业成功，提高创业者的职业满意度。

人职匹配理论认为，职业选择应实现人的因素（人格特征、能力倾向、兴趣爱好、价值观念等）与职业因素（工作上要取得成功所必须具备的条件或资格）相匹配，人职匹配则可以促进个体的职业成功。创业是创业者的一种职业选择，创业过程中的人职匹配包括以下两个层面：第一，个体是否适合创业，即创业者的人格特征、能力倾向、兴趣爱好、价值观念等是否适合创业。如果个体适合创业，则实现了第一个层面的匹配；第二，人—机是否匹配，即创业者人格特征、能力倾向、兴趣爱好、价值观念、目标追求等是否与所选择的机会因素（包括机会特征、时间窗口、所属领域、经济性价值、非经济性价值等）相匹配。如果这两个层面都匹配了，那么创业过程就实现了人职匹配。根据人职匹配理论观点，创业过程中的人职匹配可以促进创业者职业成功。本书基于创业者已实现了第一个层面匹配的假设，重点关注"人—机匹配"，认为创业者应选择合适的机会以实现"人—机匹配"，进而促进创业成功。

创业警觉能够帮助创业者识别、选择合适的创业机会，从而有助于"人—机匹配"的实现，而"人—机匹配"的实现能够促进创业成功。创业警觉包括信息警觉和构想警觉两个维度，信息警觉涉及创业者的信息搜寻、获取以及发现隐藏于信息背后的价值的能力；构想警觉涉及对信息的加工处理以及对资源整合重组的构想，代表创业者的商业构想能力和创新创造能力。创业机会识别是通过对创业环境、创业机会特征、创业者需求、资源和能力的反复权衡比较，以实现创业机会的客观属性与创业者的自身要求条件相匹配的机会发现或创造过程。也就是说，创业机会识别可能是发现市场中客观存在的机会，也可能是基于潜在市场需求创造机会。信息警觉与机会发现密切相关。警觉性高的创业者具有更强的商业机会发现能力，因为他们在信息的获取、信息的使用和信息的评估方面与普通的管理者存在差异，往往尽可能地置身于信息流中，以扩大信息接触范围，提升发现机会的可能性；通过自身的主动寻找来发现商机，从而能够比普通管理者更快更主动地获取有关信息资源；并不是依靠传统经验而是利用搜寻来的信息来识别创业机会，创业机会识别更为精准。同时，构想警觉，能够帮助创业者基于潜在需求创造机会。可见，创业警觉能够促进创业机会识别，警觉性越高，往往能识别出更多的创业机会。这为创业者选择合适的创业机会以实现"人—机匹配"提供了更多的可能性。创业警觉不但能够促进机会的识别，而且能够促使创业者选择合适的创业机会。创业警觉性高的创业者，对市场环境、市场行为更为敏感，洞察力也更强，不只是更早察觉市场的潜在需求，还能更客观地评估市场潜在需求的价值和自身创业要求、条件（包括创业动机、目标、特质、资源、能力等），从而更合理地分析创业环境、机会特征以及机会的可行性，在人职匹配理论的指导下，实现创业机会的客观属性与创业者的创业要求、条件的匹配，从而选择特定创业环境下适合创业者的机会。

创业实践和研究结果都表明，创业者识别机会后，不一定就会产生创业意愿并开展创业实践。而当创业者意识到自己精准地识别出适合自己的机会后，其创业自我效能感会得到提升，而创业自我效能感会促使创业者产生强烈的创业意愿并投入创业实践。在人职匹配理论指导下，从创业者的创业动机、创业目标、自身特质、能力、资源等创业者自身创业要求和条件出发，结合创业环境和创业机会特征，创业者往往选择自身感兴趣又擅长的领域的可行的机会。在兴趣的驱动下，创业者必然全力以赴地投入创业并享受创业，又因为选择的是擅长领域的机会，创业工作效率往往会更高，工作成就感会提升，这样不但带来创业高绩效，还会带来创业的高满意度，从而实现创业成功。

（2）创业警觉能够促进新创企业组织绩效的提升

创业警觉是动态发展的认知模型，它能够引起创业者的注意力，指导创业者进行信息处理，提升创业者的市场洞察力、机会识别能力、商业构想能力，从而提升创业者的认知能力，促进创业机会的识别、开发和发展，促进创新，最终促进新创企业组织绩效的提升。

首先，创业警觉能够帮助创业者更早更快地识别出创业机会，这有利于创业者抢占市场先机，获得先动优势，促进新创企业的生存和发展，促进新创企业组织绩效的提升。根据 Busenitz（1996），De Carolis D M（2009）的研究结果，创业警觉性高的创业者在搜索创业机会的过程中花费大量的时间，而在进行决策的过程中往往更多地依赖自身的主观判断，并非传统的分析决策工具。很显然，这种"直觉决策"提高了决策效率，但这种高决策效率并不会降低决策质量，这可以通过 Whittlesea（1997）、Solso（1999）等的研究结果得以解释。Whittlesea（1997）、Solso（1999）构建了机会原型模型来解释创业机会是如何被识别的，他们认为，创业机会原型是机会的核心属性的整合体，包含新颖性、可行性、奇特性、独立性等属性，机会识别可描述为：①创业者在对机会进行识别前已经具有了一定的机会原型；②创业经历中对原有机会原型进行修正完善，形成个体独特的机会原型；③对比机会原型与现实中的产品和市场是否相近，实现对机会的识别。这种"直觉决策"不会降低决策质量，是因为创业者在机会搜寻方面花费了更多的时间和精力，并形成了自己独特的机会原型，决策时只需以此为标准比对市场中的机会，如此，能够快速地做出高质量的机会决策。可见，这种"直觉决策"不但提高了机会决策效率而且提高了机会决策的质量，有利于创业者先于他人识别出合适的创业机会，进而抢占先机，获得先动优势，促进新创企业的生存和发展，提高创业绩效，获得创业成功。

其次，创业警觉通过促进创新推动新创企业绩效的提升。创业警觉包括信息警觉和构想警觉两个维度。信息警觉涉及的是创业者的信息搜寻、获取以及发现隐藏于信息背后的价值的能力，信息警觉高意味着创业者拥有更强大的信息搜寻、获取能力和价值发现能力，能够获取一些他人获取不到的关键性的信息，发现一些他人发现不了的隐藏于信息背后的特殊价值，这是创新的基础，也是提升决策水平的基础。构想警觉涉及对信息的再加工和处理以及对资源整合重组的构想，代表商业构想能力和创新创造能力。构想警觉是创新实现的关键。构想警觉高意味着创业者拥有更强大的商业设计能力和创新能力，能促使创业者设计更具效率的商业模式和管理模式，选择更合适的战略，开发更好的资源整合方式，提供更多有价值的问题解决方案，创新性地解决创业中的问题，促使企业形成竞争优势。创业警觉能够促进创新，这种创新不但作用于机会识别，还作用于创业机会开发、创业机会发展，进而全面推动创业组织绩效的提升。Tang 和 Patrick（2007）的研究表明创业警觉推动了技术创新，而技术创新又促进了企业各方面的发展，进而促进创业绩效的提升。Tang 等（2012）构建创业警觉的三维度模型并用其解释创业警觉作用机制，认为创业警觉包括三个维度：信息搜寻（扫描和寻找新信息）、信息连接（连接以前的不同信息）、信息评估（评估是否是有利可图的机会），这三个维度密不可分，共同作用于创业过程，并通过实证研究证实创业警觉正向影响新创企业的创新绩效。

此外，有研究结果表明，创业警觉会促进创业绩效的提升。如 Fatoki 和 Oni（2015）对 88 名南非创业者的跟进调查结果表明，相比创业警觉性低的创业者，创业警觉性高的创业者具有更强的创新能力和竞争力，因而具有更好的创业绩效；证实创业警觉对南非新创企业绩效产生正向影响。

综上所述，创业警觉会对创业机会的识别、开发以及后期发展产生影响，从而影响新创企业的绩效和创业者的职业满意度。首先，创业警觉通过促进"人—机匹配"的实现来促进创业成功。"人—机匹配"要求创业者选择自己感兴趣且擅长的领域的机会创业。创业者在兴趣的驱动下做着自己擅长的有价值的工作，往往工作动力更足，工作效率更高，创业绩效会更好，创业满意度也会更高。其次，创业警觉性促使创业者更早更先地识别创业机会，这有利于创业者先于他人抢占、开发市场机会，获得先动优势。最后，创业警觉通过促进创新推动新创企业绩效的提升。因此，提出假设：

H1a：创业警觉对创业成功有正向作用。

3.2.2　创业自我效能感与创业成功的关系

创业自我效能感指的是创业者对自身是否可以完成创业任务或者实现创

业目标的感知，是个体的一种主观心理感受，这种心理感知会直接影响创业者本身的行为选择。Gist（1987）认为自我效能感能够很大程度地影响个体对于特定任务的兴趣、投入程度、投入持续性和目标设立，如果创业者具有较高的自我效能感，那么往往设置较高的创业期望目标并持久性地投入更多资源和时间到创业实践活动中。因而，创业自我效能感可以预测、解释创业行为，也能够影响新创企业的绩效。那么，创业自我效能感能促进创业成功吗？我们从其作用机理着手分析：

第一，创业自我效能感通过影响创业动机进而影响创业行为和创业结果。自我效能感能够为创业者提供创业动机（任胜钢，2015），这种动机直接影响创业者的创业选择和对待创业活动的态度，同时能够对创业者的能力发挥和创业结果进行预测。创业自我效能感强的创业者，往往更容易产生强烈的创业动机和创业意愿，在强烈动机的驱动下，创业者全力投入创业，其个人能力得到最大限度的发挥，这样能促进创业者的职业成功，也能给组织带来高绩效，进而促进创业成功。但是，也可能存在的情况是：创业自我效能感强的创业者，往往更容易产生强烈的创业动机和迫切的创业意愿，并由此忽视了创业风险，导致创业失败。

第二，创业自我效能感利用目标设定影响创业行为和创业结果。Li Guoping 等（2015）认为创业者往往是利用目标设定来发挥自我效能感的作用。如果创业者拥有较高的自我效能感，那么必然会在创业实践活动中设置较高的创业目标，同时为了达成创业预设目标而想方设法地整合更多资源，付出更多的努力，由此，创业自我效能感可以促进新创企业绩效的提升，也可以促进个人职业成功。但是，过高的创业目标，会给创业者带来挫败感，这会伤害创业者的自我效能感并影响创业者的创业投入和努力，最终阻碍创业者的职业成功和组织绩效的提升。因而，创业者必须要根据自身资源和实际情况来设定合理的创业目标，以促进创业成功。

第三，创业自我效能感通过面对创业障碍的态度影响创业行为和创业结果。蔡卫星（2013）等认为创业者的自我效能感能够帮助其判断创业实践中存在的障碍以及具体原因，分析评判不同主体的创业可能性，识别创业者在创业过程中的优劣势。如果创业者能够充分开发自身的创业潜能，那么就可以通过不同渠道来获取更多资源，实现新建企业成长与成功。此外，创业过程往往会出现不同的风险因素甚至遭遇失败，较强的自我效能感能够帮助创业者坚定创业信心，积极采取措施来克服创业困难，坚持创业并走向创业成功。可见，自我效能感能够帮助创业者克服创业障碍，从而对创业成功产生积极影响。

从创业自我效能感的作用机理分析来看，创业自我效能感有可能对创业成功产生正向影响，也有可能产生负向影响。

实证研究方面，秦剑（2013）以科技创业企业作为研究样本，分析了创业企业绩效和自我效能感的关系，指出初创科技企业的绩效会受到创业自我效能感的强烈影响，因为创业者的自我效能感直接影响着企业成长发展中外部支持的获得，外部支持的获得不仅能够直接增加初创企业的资金来源，同时也能够为创业者带来强烈的创业成功暗示，增强创业者对于自我创业能力的认可，从而投入更多精力来经营创业企业。

此外，有学者对海量数据展开元分析，发现自我效能感能够有效地预测企业绩效。

综上所述，自我效能感能够预测创业者的创业行为和企业绩效，低自我效能感往往伴随着较低的创业动机和创业目标以及面对创业困难的摇摆和妥协，从而阻碍创业成功，高自我效能感能带来强烈创业动机和高创业目标，在强烈创业动机和高创业目标的激励下，创业者全力以赴地投入创业，大概率带来创业成功。特别是，创业自我效能感体现了创业者本身具有的创业自信以及自我认同，这会直接影响创业者的创业心态和对创业成功的理解与把握，自我效能感强的人，在面对困难，遭遇困境的时候往往能坚定信心地去克服困难，改变困境，坚持走向成功，因而，本书提出假设：

H1b：自我效能感对创业成功有正向作用。

3.2.3　先前经验与创业成功的关系

先前经验主要指的是创业者从以往经历中获得的相关知识、技能等隐性能力，包括创业经验、管理经验和行业经验三个方面。它与创业成功的关系可从以下几个方面理解：

第一，创业经验能够帮助创业者避免创业陷阱。创业经验是指创业者某次创业之前就已有过创业经历，并积累了成功的经验或失败的教训。成功的经验或失败的教训使得创业者在再次创业路上能够一定程度上避免机会选择方面的误区和创业过程中的"陷阱"。创业经验能够帮助创业者掌握创业的基本流程、关键要素和实施要点，也能够帮助创业者更客观地评估自身条件，识别自身的优势和劣势，更好地了解顾客的需求和相关市场的发展态势，从而精准地识别创业机会，高效地整合利用资源，避免创业过程中的"陷阱"，这对企业的发展有积极的影响，可以帮助企业顺利走上发展之路。

第二，管理经验能够帮助创业者提升新创企业内部运营效率。管理经验是指创业者创业之前就有过担任管理者的工作经历。创业过程是创业团队团结合作、协同创新的过程，离不开团队建设、组织管理、组织创新，需要在创业过程中合理安排岗位，分配任务，明确职责，制定规范，设计工作流程，协调关系以及有效激励员工等，而管理经验能够帮助创业者设计出更加合理有效的组织结构，形成高效有序的运行机制，从而提高企业的管理效率和新创企业的创业绩效。

第三，行业经验可以有效地帮助创业者获得相关信息以及资源。行业经验指的是创业者创业之前拥有相关行业的工作经历。具有行业经验的创业者往往对某个行业的状况比较熟悉，掌握从事该行业的相关知识和技能，拥有一定的人脉资源或特殊资源，占有一定的市场渠道。行业经验对创业活动的影响主要体现在以下两个方面：一是行业经验帮助创业者积累了相应产品、服务、市场以及产业相关知识等，这有助于创业者更加及时地发现潜在机会，得到有价值的行业信息。二是行业经验有利于创业者集聚社会资源。社会资源涵盖了诸如创业者自身商誉、上游供应商、下游分销商以及行业咨询机构等多个方面，它在创业过程中会伴随着创业者而实现转移，而创业者及时获取相关资源有助于企业的运营和成长。

综上所述，先前经验是创业者从之前经历中获得的知识、技能等隐性能力，包括创业经验、管理经验和行业经验三个方面，会给创业者带来创业活动必需的信息、资源、相关的知识、技能，它能够使创业者更加迅速地把握创业机会、整合资源，资源的利用和整合会提升企业的运营效率以及外部市场竞争力。此外，先前经验能帮助创业者更清楚地认识自我，从而扬长避短，找到最适合自己的创业行业、创业机会、创业方式，在获得高绩效的同时，收获更高的创业满意度，因此根据上面的分析，本研究提出以下假设：

H1c：先前经验对创业成功有正向作用。

3.2.4 社会资本与创业成功的关系

社会资本是指个人与其他个人、组织或群体发生的社会关系以及嵌入个人或家庭社会关系网络中的可获取的、有效的、现实的或者潜在的资源，包含结构、认知、关系三个方面。结构是指社会网络参与人员之间的联结方式，主要有网络联系、专门组织、配置形式等。关系是指参与人员之间的关系和资源利用的关系，包括信用、期望、规范、识别等诸多要素。认知主要是指对资源的理解、说明、解释等。创业者的社会资本包括创业者的社会网络、声誉和社会技能。创业者的社会网络不但可以帮助创业者获取相关资源，而且还可以帮助创业者增强资源整合、开发能力。创业者的社会声誉能够帮助创业者降低创业的交易成本。创业者的社会技能表示创业者利用社会网络以及自身声誉的能力。社会技能可以帮助创业者更好地利用社会网络以及社会声誉，从而增强企业获取信息的效率和质量，有助于企业家更好地开展沟通以及合作。可见，社会资本能够提升个体的资源获取能力、减少沟通成本以及交易产生的成本（宋中英，2011），对创业过程的各个环节都会产生影响，是影响创业成功的重要因素，在创业过程中发挥着重要作用。具体而言有以下几个方面：

一是社会资本有助于获得信息优势和创业资源。创业者的社会网络（指个人建立关系的情况，这包括家人、亲属、同学、朋友、同事以及其他联系人）会影响创业资源的获取，特别是信息资源的获取。Nahapiet 和 Ghoshal（1998）指出，一个人拥有的关系，即与之联系的人，不论身份背景如何，都有可能为其目的性行动带来有价值的资源。创业者的社会网络规模（联结广度），会影响创业者的社会交往和创业活动范围，规模越大，联系越广，获取信息和资源的渠道就越多，就越有可能获取有价值的创业信息和资源；除了社会网络的规模，网络联结的强度，也会影响创业活动。Granovetter（1973）从情感投入程度、交往亲密程度、互惠服务三个维度将其强度划分为强联系和弱联系，强联系往往通过深度交流分享或互惠合作，帮助创业者得到重要的信息以及资源；弱联系可以有效地扩大信息获取面，增加信息的来源渠道，通过获取多样化的信息给创业者以创业决策视角上的启迪；弱联系还可以扩大创业者的社会交往活动范围，帮助创业者更好地获得异质性资源，弥补同质资源的不足。在发达的社会关系网络中，创业者能够更快捷地获取其中的信息，学习他人先进经验，从而为新创企业甄别有价值的信息，进而增强决策的质量和机会开发。

二是社会资本有助于降低交易成本，获取关键性资源。创业者社会资本包括创业者社会网络关系和信誉两个最重要的方面，其中创业者的信誉能够帮助创业者在创业活动中获得更多的信任，这会降低因信息不对称而产生的交易成本。同时，良好的信誉是赢得合作的基础，在此基础上建立信任与合作机制，创业者能够获取创业所需的关键资源，进而弥补资源缺口，有效地增强资源的利用效率（肖冬平和王春秀，2013）。

三是社会资本有助于提升创业者的社会声望和满意度。传统的创业成功等同于创业绩效，但本研究认为创业成功还包括创业者对自己职业选择、价值实现、生活方式以及社会地位等方面的满意程度。创业者的社会网络关系广度与创业者的社会影响力密切相关，扩大社会网络关系的广度会提升创业者及企业的社会影响力和知名度，而社会资本中的信誉，可以将创业者及企业的知名度转化为美誉度，并进一步扩大其社会影响力，提高社会声望，增强创业者的获得感。另外，社会网络关系中的强联系，往往通过深度交往和交流，满足创业者的社交情感方面的需求，增强创业者的价值感和获得感。比如分享创业过程中的成功，可以给其带来愉悦，增强其获得感、满足感和幸福感，同时，也可以提高其社会声望和影响力。

四是社会资本有助于构建竞争优势。创业者的社会资本为新创企业带来大量有价值的信息，这些信息可帮助企业加深对产品、技术和市场环境的理解，并进而促进企业积极创新，适时调整产品和服务策略，以获得竞争优势（朱慧和周根贵，2013）。创业者的社会资本不但可以为创业者带来大量的信息，而且可能带来一些独特的稀缺的信息和关键性资源，这些独特的稀缺的信息和关键性资源，往往是构建竞争优势的必要基础，也是重要组成部分。对这些稀缺独特的资源加以整合利用，构建出新创企业的竞争优势，可促进新创企业的生存、发展和成功。

社会资本对企业绩效（房路生等，2010；杜海东，2012；谢雅萍和张金连，2014）和职业成功（陈建安等，2011；周文霞等，2015）等均有一定的影响。但社会资本对创业及绩效到底有何影响，看法不尽一致。部分学者认为社会资本与创业绩效正相关（李霞等，2007；谢觉萍，2016）。国内学者谢觉萍（2016）通过实证研究社会资本对女性创业绩效的影响，结果显示，社会资本和女性创业绩效之间存在显著的关系，会直接影响创业的结果，不但对女性的创业绩效产生正向的直接影响，还通过机会识别产生正向间接影响。但是也有学者提出了不同观点，Park 和 Luo（2001）认为社会资本对企业市场绩效具有积极影响的一面，但是由于要消耗交易成本，从而使得社会资本对企业的财物绩效有负面的影响。

针对这种不一致的看法，本书认为，虽然社会资本的积累会产生一定的成本因而对企业的财务绩效有一定的负面影响，但从整体上来看，它对企业的组织绩效和个人成功会产生积极影响的，因此，提出研究假设：

H1d：社会资本对创业成功有正向作用。

3.2.5 创业者社会特质与创业成功的关系

根据组织印记理论观点，创业初期是组织印记的"敏感期"（黄勇和彭纪生，2014），创业初期内外部的环境因素（包括创业者和外部环境）会对组织产生印记效应，即对组织结构、战略和绩效等方面产生持久影响。创业者如同新创企业的父母，其特质、决策、行为等都会对新创企业产生深远的影响。

已有特质研究表明，创业者特质对创业行为、领导风格、企业绩效都有普遍的影响。成就需要、控制点、自我效能、冒险倾向、家庭影响、教育影响、工作经验等是创业行为和成功的重要前提（贝蒂，2012）。如高成就需求的 CEO 对企业有着更高的要求和期望，其战略决策过程会更具主动性和冒险性，不喜欢被规则约束，而更喜欢追求与众不同的发展和管理方式来发展新创企业，会给企业未来的发展带来积极的正面影响。

创业者社会特质，作为特质的重要组成部分，也会对新创企业产生印记效应，影响新创企业的组织结构、战略和经营特征，进而对创业绩效以及职业成功产生持续性的正向影响。

根据资源基础理论观点，企业可持续发展的动力源于稀缺并且不可替代、难以复制的价值性资源。独特的特质是有价值的、稀缺的，难以复制和替代的稀缺性资源（杨鹏等，2017），创业者的社会特质本身就是创业者自身的资源禀赋，是新创企业的重要资源，能为企业带来竞争优势和发展动力。此外，创业者社会特质还可以帮助创业者获得有价值的信息以及其他资源，整合各类可控资源，从而形成竞争优势。

如前文所述，创业警觉能够帮助创业者尽早识别创业机会，从而抢占市场先机，获得先动优势；能够促使创业者设计更具效率的商业模式和管理模式，选择更合适的战略，开发更好的资源整合方式，提供更多有效的问题解决方案，创新性地解决创业中的问题，促使企业形成竞争优势。此外，创业警觉还可促使识别出合适的创业机会，实现人职（机会）匹配，从而产生整合效应，形成竞争优势，进而促进创业成功。创业自我效能感强的创业者往往会产生强烈的创业动机，设置高创业目标，并在二者的激励下全力以赴地投入创业，乐观坚定地克服创业困难，从而不断走向创业成功。先前经验能够帮助创业者避免创业陷阱、获得相关信息以及资源，提升新创企业内部运营效率、帮助创业者更清楚地认识自我，从而扬长避短，找到最适合自己的创业行业、创业机会、创业方式，使创业者在获得创业高绩效的同时，收获更高的创业满意度。社会资本有助于获得信息优势和创业资源、降低交易成本、提升创业者的社会声望和满意度。

因此，本书认为创业者社会特质是创业过程中不可忽视的重要因素，会为新创企业带来竞争优势，进而促进创业组织绩效和创业者创业满意度的提升，提出以下假设：

H1：创业者社会特质对创业成功有正向作用。

3.3 创业机会在创业者社会特质与创业成功之间的中介作用

3.3.1 创业者社会特质与创业机会的关系

3.3.1.1 创业警觉与创业机会的关系

创业警觉是创业者对创业信息保持持续关注和搜寻的行为，是一种不需要刻意搜索就能够发现尚未被他人发现的创业机会的潜质，它代表创业者对市场信息、市场行为的敏感性程度，也代表创业者的信息搜寻能力和价值发现能力，能够帮助创业者迅速、深刻地解读隐藏于信息背后的价值。

创业机会包括创业机会识别、创业机会开发、创业机会发展三个方面。创业警觉与创业机会的关系可从以下三个方面来理解：

第一，创业警觉能够促进创业机会的识别。创业警觉被普遍认为是创业机会识别的基础，对机会识别有显著影响。创业警觉促使创业者尽可能地置身于信息流中，主动搜寻，获得相关信息，并利用信息来识别机会。它会影响创业者对新信息的认识和把握，以及利用新信息完成对创业机会的分析和评估，进而影响创业机会的识别。创业者保持警觉性能够提高其创业机会发现能力，进而发现潜在的有价值的商业机会。Kirzner（1979）指出，创业警觉性越强，越有可能发现创业机会。以 Gaglio C M 为代表的创业警觉认知学派认为，创业警觉是一种认知模型，可以有效地引导注意力，也可以指导信息处理，是对市场的环境变化的敏感性反应。创业机会识别是通过对创业环境、机会特征以及创业者的需求、资源和能力的反复权衡比较，以实现创业机会的客观属性与创业者的自身要求条件相匹配的机会发现或创造过程。从需求和资源匹配的视角看，创业机会识别主要涵盖了三个不同的过程：①感知市场的需求或者未被充分利用的资源；②识别或发现不同市场的需求；③从商业概念的角度出发，把握现有需求和资源之间的平衡关系（张玉利，2016）。

创业者从环境的客观信息中感知、发现客观存在的机会，或基于环境中的客观信息创造机会，然后对创业机会的价值性和可行性进行评估，最终识别出和创业者自身因素相匹配的创业机会。所以，这个过程可分解为：感知机会、发现或创造机会、评估机会。在这个过程中，创业警觉促使创业者发现、解释、组织与新机遇相关的各种知识领域的信息，这有助于创业者获取充分的信息，发现信息背后的价值，理解如何发现和追求新想法，提升机会发现能力和商业构想能力，最终促进创业者对创业机会的识别。创业警觉能够促进创业机会的识别，这得到 Renko 等（2012）的研究的验证。他们提出创业机会识别的综合研究模型，认为，创业机会识别会受到创业环境中有利条件和创业警觉的正向影响。

第二，创业警觉能够促进创业机会开发。创业警觉性越强的创业者往往具有高度的市场敏锐性和较强的信息搜寻能力、价值发现能力，这能够帮助创业者搜寻到更广泛的信息和更有价值的信息，发现信息背后不易察觉的价值，促进新想法、新思想的产生，这对创业机会开发同样有着直接的影响。

创业警觉对创业机会开发的影响主要体现在以下几个方面：一是机会开发的时间上，创业警觉能促进创业者早于他人识别机会，从而先于他人抢占开发市场的时机，获得机会开发的先动优势。二是关键资源的获取上，创业警觉能够帮助创业者获得更为广泛充分的有价值的信息，进而获取创业所需关键性资源，从而提升机会开发过程中的资源整合能力。三是创新行为上，创业的本质是创新，在市场的敏锐性、信息搜寻和价值发现能力的共同作用下，创业者的商业构想能力将得以提升，这将促进资源的创造性整合和创新行为的产生，最终促进创业机会的开发和发展。四是创业满意度上，有学者认为，当搜寻行为能够带来创业者所期望的结果时创业警觉会得以加强，可见，创业警觉是搜寻行为的正强化结果，是对创业者行为的肯定，也是对创业者的激励，有利于创业者增强创业信心以及创业满意度。

第三，创业警觉能够促进创业机会发展。创业机会发展是指新企业创建后的运营管理，包括日常管理、战略管理、创新发展等，是对原有机会的深度挖掘和充分利用，也是动态环境下对新机会的追寻。根据 Li（2004）的研究结果，创业警觉包括兼顾思维、探索侦查、打破常规、不断改进四个维度，兼顾思维涉及整体思考，统筹安排，这有利于创业运营管理中统筹安排，合理配置资源，平衡各种关系；探索侦查涉及的是信息的搜寻与甄别，这有利于创业者更广泛地获取有价值的信息，洞察市场环境和市场行为，识别环境中的机会与威胁，从而为其科学决策提供依据；打破常规、不断改进涉及的是发展与创新，这既包括对创业运营管理中的产品、技术、管理方式、工作流程等方面的改进与创新，也包括战略目标和经营思路的调整。常规企业日常管理的改进与创新能够提高企业运营管理效率，实现原有机会的深度挖掘和充分利用，战略目标和经营思路的调整实际上是对新机会的追寻，是新创企业突破发展瓶颈，实现可持续发展的必要选择。兼顾思维、探索侦查、打破常规、不断改进的共同作用，既有利于新创企业内部管理的改进与创新，提升企业内部管理效率，又有利于运营管理过程战略目标和经营思路的调整，实现动态环境下新机会的追寻。可见，创业警觉能够促进创业机会发展。

综上分析，创业警觉能够促进机会识别、机会开发和机会发展，进而对创业机会产生促进作用，因此，提出以下假设：

H2a：创业警觉对机会识别有正向作用。

H2b：创业警觉对机会开发有正向作用。

H2c：创业警觉对机会发展有正向作用。

H2d：创业警觉对创业机会有正向作用。

3.3.1.2 创业自我效能感与创业机会的关系

自我效能感指的是创业者对自己能否有效完成创业任务或者实现创业目标的感知，常被视为一种特殊的创业动机（任胜钢，2015），它会影响创业者的态度，促使创业意愿产生，有研究表明创业自我效能感越强的人越容易产生创业意愿，在创业意愿的驱动下，创业者将投入更多的精力去搜寻和创业机会有关的信息，并发掘信息背后的价值，以识别创业机会。此外，自我效能感会影响个体的行为选择，创业自我效能感通过创业者的风险感知来影响创业机会的识别。自我效能感强的人往往拥有较高的期望值和积极的情绪，忽略一些微小的风险从而更加大胆地识别出合适的创业机会；反之，自我效能感弱的创业者会因为缺乏创业自信，高估一些微小的风险而对机会评估不当，错过一些好的创业机会。可见，创业自我效能感对创业机会的识别有正向作用。

创业自我效能感强的人，往往更容易看到创业机会中良好的发展前景，因而，开发创业机会的概率也就更高。

自我效能感会影响创业者对任务的兴趣、目标设立、投入程度以及持续性，进而影响创业机会开发和创业机会发展。自我效能感强的创业者更乐于持久性地投入更多的时间、精力与资源，也会为从事的创业活动设立较高的目标，在较高目标的激励下全力以赴地开发机会、发展机会。目标设定方面，Li Guoping 等（2015）从目标设定的角度展开分析，研究创业自我效能感和创业之间的关系，结果显示自我效能感可以由目标的设定生成，一般情况下，自我效能感较强的创业者会给自己设定更高的发展目标，在这种高目标的引导和激励下，创业者会更积极地投入资源、利用资源、整合资源，使得创业自我效能感和企业绩效之间呈现出正相关的关系，但超过临界值的目标设定反而会对企业的发展产生负面的影响。投入持续性方面，自我效能感强的创业者在遇到困难，遭遇失败后，往往更能坚定信念，百折不挠地继续投入时间、精力、资源，想方设法地改变不良境遇，比如重新整合资源，调整发展战略和经营思路，改进组织管理方式和工作流程，改善内部关系，以有效开发原有创业机会、抢先开发新的创业机会。Liu Qigui（2013）的研究对此进行了解释，他以初创企业为例，认为自我效能感是创业者本身具有的创业动机，当面对创业过程中出现的各种不确定性时，自我效能感强的创业者具有更加坚定的信念，这会帮助创业者克服困难，解决问题，因此有利于其能力的发挥。同时这种能力也会推动创业机会发展。基于此，本书认为创业自我效能感有利于创业机会开发和创业机会发展。

根据上面的分析，提出以下假设：

H2e：创业自我效能感对机会识别有正向作用。

H2f：创业自我效能感对机会开发有正向作用。

H2g：创业自我效能感对机会发展有正向作用。

H2h：创业自我效能感对创业机会有正向作用。

3.3.1.3　先前经验与创业机会的关系

（1）先前经验与创业机会识别的关系

创业机会识别是从市场环境中寻求有潜在价值的商业机会并将其转变为切实可行的商业化概念的过程。创业机会的识别可能是通过搜寻发现市场中客观存在的机会，也可能是基于客观环境信息的机会创造，但它们都是机会认知过程，也是一个创业构想过程。在机会识别的过程中，创业者进行有效性选择主要依赖由经验积累而产生的直觉（杨俊，2011）。先前经验和认识方式是其基础。并非所有人都能够发现创业机会，Shane（2000）用"知识走廊"描述先前经验对创业机会识别的作用，创业者积累的经验影响其对新信息的理解、判断和解释，使得创业者更容易发现和以往的工作经验相关的创业机会。它可以有效地增强多变环境下创业者的决策能力，使其能够更加敏锐地获取有价值的信息，更加准确地评估市场价值及顾客需求，从而促进其对机会的识别。行业经验更加丰富的创业者，对行业信息的认识程度和敏感性更高，有助于形成他人难以模仿和替代的思考模式，这会促使创业者产生更加新颖的认知，这些认知和社会的需求之间相互契合，有利于创业者更好地发现潜在的机会。丰富的管理经验能够帮助创业者增强管理能力，建立更加高效的组织以及管理结构，为后续的机会识别提供更好的内部环境。以往的经验和知识积累往往会促使创业者主动追求有市场潜力和价值的机会，也会促使创业者围绕创业机会进行商业构想，因而，创业先前经验能够帮助创业者提升机会识别的概率。

因此根据上面的分析，提出假设：

H2i：先前经验对创业机会识别有正向作用。

（2）先前经验与创业机会开发的关系

先前经验中的创业经验可以成为再次创业的基础。先前经历中积累的知识储备、获取的专业技能都是后续创业决策以及创业行为的基础（张爱丽，2020）。先前经验对创业机会开发的作用体现在以下三个方面：

第一，提升不确定性环境下开发创业机会的决策能力。创业者所拥有的经验会直接影响创业者对于新信息的理解以及判断。创业往往是在不确定性环境下进行的，其过程与结果，风险与收益都面临不确定性，具有创业经验的创业者比新手创业者更熟悉创业过程（王瑞、薛红志，2010），能更好地了解创业的基本流程、基本方法、核心要素、关键环节、注意事项等，避免陷入常见的创业陷阱；具有管理经验的创业者对于企业经营的流程更加熟悉，可以更好地优化企业的内部结构以及岗位分工，更为有效地领导激励员工，也能更好地把握管理的要点难点，了解管理中需要改进和创新的地方，这有利于机会开发过程中的流程再造和管理创新；具有行业经验可以帮助创业者更加有效地得到行业内部的信息以及资源，积累创业相关的产品、服务、市场、产业知识，对行业的发展动态更为关注，更好地把握行业的发展热点、前沿、趋势，这有利于机会开发过程当中对创新开发的把握，可为机会开发过程中的问题解决提供参考依据。虽然不同的创业，其过程和机会开发方式等会存在差异，但是经验的转移性可以帮助创业者在面对未知情况时进行更为有效的决策分析，提升不确定性环境下开发创业机会的决策能力，更精准地评估市场价值及顾客需求，更有效地整合资源，促使创业者设计更具效率的商业模式和管理模式，选择更合适的机会开发时间、地点和方式，制定合理经营战略和实施策略。

第二，增加创业机会开发的概率。创业者以往的经验越丰富，对外部环境和自身创业能力的感知就越强，就越能客观地评估创业机会，进而越能看到创业机会的开发前景，开发创业机会的可能性也就越大。

第三，促进创业投入。先前经验越丰富，对外部环境和自身创业能力的感知越强，对相关问题的预判能力也越强，因而，创业者的自我效能感也越强，创业者更倾向于在创业过程当中投入更多的时间、精力和资源，并全力以赴地整合资源，开发机会。

因此，提出假设：

H2j：先前经验对创业机会开发有正向作用。

（3）先前经验与创业机会发展

创业机会发展可视为企业创建后的运营管理，可能是对原有机会的深度挖掘和充分利用，也可能是新的市场环境下对新机会的追求，既包括常规的日常管理，又包括组织内部的资源再配置及创新，需要创业者具有较强的组织能力以及发展决策能力。因此，先前经验越丰富，越能更好地提升企业内部的管理效率以及管理质量，增强创业绩效。创业经验可以帮助创业者把握创业运营管理过程中的核心要素、关键环节，避免陷入创业运营管理的误区，从而提升运营管理水平。行业经验一方面可以提高新创企业的企业管理效率，另一方面有助于创业者把握行业中的新机会，基于"痛点"追求创新发展，使得企业的战略决策水平始终位于行业前列，利用这种方式增强企业的运营管理能力。此外，行业经验能够帮助创业者集聚社会资源，这些资源涵盖创业者自身的个人商誉、上游供应商、下游分销商以及顾客等，会随着创业者而发生转移，因而，行业经验能有效地增强获取资源的效率，有利于企业的运营和发展。

根据上述分析，提出以下假设：

H2k：先前经验对机会发展有正向作用。

综上所述，先前经验对机会识别、机会开发和机会发展均有促进作用，因而提出假设：

H2l：先前经验对创业机会有正向作用。

3.3.1.4　社会资本与创业机会的关系

（1）社会资本与创业机会识别的关系

创业机会识别是关于市场需求及其与资源匹配的认知与构想过程，即从客观信息中发现市场需求，并基于创业者自身的资源和条件，分析市场需求能否得到满足并进行商业构想（设计能够付诸创业实践的商业概念）。信息、资源、认知是创业机会识别的基础，创业机会的识别包括机会的感知、机会的发现或创造、机会的评估。

创业者社会资本包括创业者的社会网络关系和信誉，社会网络涵盖了网络连接、网络规模和网络连接的强度等维度。创业者的社会网络连接（指个人建立关系的情况，包括家人、亲属、同学、朋友、同事以及其他联系人）会影响创业资源的获取，特别是信息资源的获取。Nahapiet 和 Ghoshal（1998）指出，一个人拥有的关系，即与之联系的人，不论身份背景如何，都有可能为其目的性行动带来有价值的资源。创业者的社会网络规模（连接广度），会影响创业者的社会交往和创业活动范围，规模越大，联系越广，获取信息和资源的渠道就越多，就越有可能获取有价值的创业信息和资源；除了社会网络的规模，网络连接的强度，也会影响创业活动。Granovetter（1973）从情感投入程度、交往亲密程度、互惠服务三个维度将其强度划分为强联系和弱联系，强联系往往通过深度交流分享或互惠合作，帮助创业者获得更加稀缺的关键信息以及资源；弱联系则可以拓宽信息的获取渠道，帮助创业者获取多样化的信息，为后续的管理和决策提供有效的参考和指导；弱联系还可以扩大创业者的社会交往活动范围，帮助创业者更好地获得异质性资源，弥补同质资源的不足。在发达的社会关系网络中，创业者能够更快捷地获取其中的信息，学习他人先进经验，提升创业者的认知水平，也能从中获取创业资源，这能促进创业机会的识别。创业者关系网络可帮助创业者建立跨人群的信息走廊，这有利于缩小知识差距，提升创业者的认知水平，减少面临的不确定性。大量证据表明，高质量的网络关系或优越的网络位置有助于创业者发现创业机会。

综上所述，社会资本有助于创业者得到关键性的、特殊性的信息以及创业资源，增强其认知水平和创业资源方面的自信，而创业者认知水平的增强有利于创业者对创业环境中客观信息、机会特征和创业者自身条件（需求、特质、资源、能力等）的认知与评估，这能够促进创业机会的感知，发现或创造，而对创业资源方面的自信能够影响创业者对创业机会可行性的评估，避免因过分担心创业风险而错失机会，从而帮助创业者更好地评估创业机会，因此，社会资本能够促进创业机会识别。因此，提出假设：

H2m：创业者的社会资本对创业机会识别有正向作用。

（2）社会资本与创业机会开发的关系

Aldrich 和 Zimmer（1998）的研究认为，和资源提供者之间的关系越紧密，资源获取的过程越顺利，创业机会的开发可能性越高。社会资本对创业机会开发的意义主要体现在以下三个方面：

一是提升决策质量。如前所述，在发达的社会关系网络中，创业者能够更快捷地获取其中的信息，学习他人先进经验，这能够为创业者带来信息优势，也能促进创业者提升认知水平和学习能力，进而促进决策质量的提高和机会开发。

二是帮助整合资源。创业者社会网络连接的强弱会影响创业资源的获取，强联系往往通过深度交流分享或互惠合作，帮助创业者获得更加稀缺的关键信息以及资源；弱联系则可以拓宽信息的获取渠道，帮助创业者获取多样化的信息，为后续的管理和决策提供有效的参考和指导；弱联系还可以扩大创业者的社会交往活动范围，帮助创业者更好地获得异质性资源，弥补同质资源的不足。此外，良好的信誉是赢得合作的基础，在此基础上建立信任与合作机制，创业者能够获取创业所需的关键资源，进而弥补资源缺口，提升资源配置的效率（肖冬平和王春秀，2013）。

三是降低交易成本。良好的信誉可以帮助创业者更好地获取来自他人和组织的信任，这可以有效地降低因信息不对称问题而产生的交易成本。这三个方面，都可促进机会开发。

根据上面的分析，提出假设：

H2n：社会资本对机会开发有正向作用。

（3）社会资本与创业机会发展的关系

创业机会发展是企业创建之后的运营管理，指有效领导和激励创业员工，合理地配置企业内部的资源，并且根据实际情况的变化调整战略目标和经营思路，涵盖了企业管理中的日常管理、战略管理和创新发展。因此，对创业者的组织管理能力和应变决策能力的要求较高。发达的网络关系，不但给创业者带来信息优势和资源获取途径，还通过多样化的信息给创业者以创业决策视角上的启迪，这既有利于常规的日常管理，也能促进组织管理的创新与发展。创业者良好的信誉，能够树立创业者在员工心目中的良好形象，使其成为员工学习的榜样，使得员工心甘情愿地追随创业者，进而实现对员工的有效激励和领导。可见，社会资本能够促进创业机会的发展。因此，提出假设：

H2o：社会资本对机会发展有正向作用。

综上所述，提出假设：

H2p：创业者的社会资本对创业机会具有正向作用。

创业机会包括创业机会识别、机会开发和机会发展三个方面，而创业者社会特质的四个方面：创业警觉、创业自我效能感、先前经验、社会资本均对创业机会识别、机会开发和机会发展有正向影响，因此，进一步提出以下假设：

H2：创业者的社会特质对创业机会有正向作用。

3.3.2 创业机会与创业成功的关系

3.3.2.1 创业机会识别与创业成功的关系

创业机会识别是创业的首要环节，会影响未来新企业的发展，是创业成功的关键前提（张秀娥，2018）。创业机会识别是创业研究的核心内容，学者们对创业机会识别进行了较为深入的研究，取得了较为丰富的成果。学者们通过实证分析发现，机会识别能力强的创业者更容易取得创业成功。国内学者林嵩等（2005，2006）在梳理创业机会识别相关研究成果的基础上，探究创业机会识别对新创企业发展的影响，结果显示创业机会识别对企业的发展有正向的影响，创业机会识别主要利用系统中的中介变量——企业战略选择来影响企业未来的发展方向。同时创业机会识别可以为企业的发展带来更强的竞争优势，促进企业成长。他们还指出，相对于成熟企业，创业机会识别对新创企业成长更为重要。近年来，学者们进一步研究创业机会识别对创业成功的正向影响作用。比如，Gielnik 等（2012）发现，创业想法是商机的先驱者，能够促进新产品和服务进入市场，对创业想法的识别有利于创业成功。Shamsudeen（2017）认为机会识别与开发的最为核心的部分是创业意识与可行的商业计划，机会识别与开发能够促进商业成功。张秀娥（2019）认为机会识别会直接对创业成功产生影响，并且是决定企业成长和发展的关键因素。

针对前人的研究成果进行总结分析，机会识别是创业中的关键因素，能够为创业成功提供可能性。本书认为创业机会识别是通过其价值性识别和可行性识别两个维度共同促进创业成功。

价值性识别包括经济性价值识别和非经济性价值识别。经济性价值识别主要从经济回报、利润获得方面来识别机会的价值。机会的盈利性是通过对宏观环境、产业及市场环境的分析获得的参与机会的盈利空间和持续时间的价值判断，其主要包括产业环境发展、经济回报及机会的竞争优势等方面，强调的是创业机会的客观的经济性价值。机会的盈利性决定未来企业的最大盈利空间，如果盈利空间过小，新创企业必然受到利润天花板的制约，进而影响其生存和成长。反之，盈利性强，则为机会开发提供了成功的可能性，进而通过机会开发可促进创业成功。非经济性价值识别则更多的是创业者对机会的一种主观价值认同，它能够满足创业者的某种需求，包括情怀的追求、价值的实现、社会担当等多个方面。这种非经济性价值往往能够让创业者产生主动的自我驱动力，全力以赴地投入创业，从而创造理想的创业绩效进而促进创业成功。此外，非经济价值还能提高创业者的创业满意度，丰富创业者对创业成功的理解，强化对创业成功的感受，进而促进创业成功。

机会的可行性，指开发机会并实现盈利的可行性和把握度，即成功开发机会的可能性。对机会开发的把握取决于创业者的特质、资源、能力及可行性识别，从本质上进行分析，就是创业者创业机会因素和创业者因素之间的匹配过程。人职匹配理论认为，当人和职位、职业匹配时，工作效率和职业成功的可能性就会提高。

从激励视角来看，机会的价值性和可行性能够对创业者产生激励作用，激励创业者全力以赴地投入创业，从而促进创业成功。期望理论（弗鲁姆，1964）认为，个体从事某项工作的动机强度由其对完成该项工作的可能性及完成该项工作就能获取相应外在报酬的可能性的估计（期望值）和个体对这种报酬的需求程度（效价）来决定的。即激励力量＝效价×期望值，激励力量指采取某种行为的动机强度，它表明某人愿意为达到目标而努力、付出的程度。效价指某人对某种行为带来的报酬的价值的估计，代表了某人对某种报酬的需求程度，或者说代表某种报酬对某人的重要性和吸引力。期望值是指某人对实现某个目标从而获得某种结果的可能性大小的估计。不同期望值、效价的组合，会产生不同的激励力量，当期望值（E）和效价（V）都比较高时，才会对某人产生较大的激励力量。当创业者认为创业机会的价值性和可行性都很强时，即效价和期望值都很高，创业者受到强烈的激励作用，心甘情愿地、自发自觉地、全力以赴地开展创业活动，促进创业成功。

因此根据上面的分析，提出假设：

H3a：创业机会识别对创业成功具有正向作用。

3.3.2.2　创业机会开发与创业成功的关系

蒂蒙斯（2005）的创业成功模型显示，成功的创业必须有效地把握商机、资源以及团队的平衡，其中商机是创业发展的核心要素。创业就是追逐创业机会的过程。在这个过程中，创业机会识别还处在机会的发现和认知阶段，而创业机会开发则是将机会从商业概念转化成创业实践的阶段，即创建企业，维护运营，达成利润目标。毋庸置疑，机会开发会影响创业成功，不同的机会开发，其方式、过程不一样，对创业结果的影响也不一样，本书考察不同的机会开发方式对创业成功的影响。创新推动新创企业参与市场竞争，同时也威胁成熟企业的成长。大量实证研究表明，创新可以有效地预测创业中的发展变量。学者 Rosenbusch 等（2011）针对 42 个实证研究中的 21270 家新创企业开展了元分析，研究结果显示，创新对企业的发展有积极的影响，并且在亚洲集体文化环境其所带来的影响更大。此外，De Jong 和 Marsili（2015）的研究表明，创业实践活动中突破创新式创业机会虽然有更大的价值但是比渐进创新型创业机会更为少见。更多的情况是，企业根据市场中供货商、顾客以及目前市场的竞争者而进行合理的战略选择，无论是突破创新式机会开发抑或是渐进创新式机会开发，都是创业者在特定发展背景下进行的战略选择，其最重要的目的就是保障企业的生存及发展，实现创业成功。

本书将分别对渐进创新式机会开发、突破创新式机会开发与创业成功之间的关系展开深入分析。

渐进创新式机会开发是一种创新程度相对较低的商业创新。它并不是对原有市场的产品、服务以及商业过程进行一成不变的模仿，而是对已有的知识与技能进行分析和再次利用，从而改进原有产品，增强原有服务的特性，优化改进已有商业模式中的"目的—手段"关系，因而能够提升开发机会的效率，其表现出的创新性仅低于突破创新式机会开发。开发渐进创新式机会的不确定性相对较低，其对创业成功的正向效应往往可以被预测。新创企业一般需要面对"新创弱性"，即资源短缺的困扰，但是开发渐进式创新机会对资源的依赖性更低，因此很多新创企业进入市场之后经常选择这种发展策略，往往消耗较低的成本就能获取成功。从战略发展的角度进行分析，开发渐进创新式机会的新创企业在市场的竞争中位于跟随者的地位，但是部分研究结论显示，这些企业可以利用"后发制人"的战略帮助企业取得成功，在传统发展策略的基础上推出渐进创新式产品及服务，利用这种方式抢占二级市场推动企业的生存和成长。

突破创新式机会开发往往会打造全新的产品和服务，甚至开拓出全新的行业及市场需求，能够带来显著的变革，其创新特点就是革命性及非连续性。从战略发展的角度展开分析，开发突破创新式机会能够帮助企业赢得市场竞争的先机，帮助企业取得先动优势，推动企业成为市场领导者。开发突破创新式机会能帮助企业成为整个行业的垄断者，并且持续保持领先地位，赢得领先时间。领先时间指的就是第一个进入新行业的企业能够在一定时间内保持垄断地位的时间。产品及服务的创新程度越高，领先时间相对越长，延长领先时间也是帮助企业获得创业成功的关键，这有助于企业强化自身的品牌，拓展产品线，利用经验获取成本优势，同时可以在一定时间内避免价格竞争从而保持高收益。相关实证研究显示突破创新式机会开发在帮助企业获取市场竞争优势的过程中有着非常重要的作用。Markides 和 Sosa（2013）的研究结果显示突破创新式机会开发的新企业能够更加有效地利用市场中的新方法，压缩企业运行的成本，帮助企业本身解决资源劣势的问题，与资源丰富的成熟企业相比，保持了较高的市场竞争力。另有研究结果显示，在市场竞争的环境下，基于开发突破创新式机会而发展的企业具有反应和反击竞争环境的能力。利用开发突破创新式机会，新企业可以降低资源的消耗，专注于创造突破创新式机会开发并在市场竞争中保持强有力的竞争力。

根据上面的分析，不论哪种机会开发，都有利于创业成功，提出假设：

H3b：机会开发对创业成功有正向作用。

3.3.2.3　创业机会发展与创业成功的关系

创业机会发展可以理解为企业创建后的运营管理，包括有效领导、激励员工，合理分配企业内部资源、及时调整发展战略目标以及经营模式，协调各项工作和发展中的利害关系等。Ardichvili 等（2003）认为可从组织管理、战略管理以及创业承诺等角度分析创业运营管理对企业发展和管理的影响。

新企业的建立并不意味着创业的成功，创业是一个连续动态的过程，新企业创建之后还需继续加强组织管理，兑现创业承诺以对机会进行深度挖掘和利用，或者根据市场环境的变化做出战略调整，寻求新的发展机会，从而使得新创企业持续不断地成长和发展，最终获得创业成功。

运营管理能力影响着新创企业的内部运作效率，从而影响着企业的生存和发展，进而影响创业成功。运营管理能力不足是创业失败的一个主要原因。Namaki（1990）在研究创业失败的原因过程中，发现新创企业失败的主要原因是缺乏有效的发展计划、高效的管理技能和创新管理能力，这些都反映了创业运营管理能力的不足。创业者的组织管理能力及决策能力对企业发展的影响很大，可以有效地促进社会资源的利用，提升社会资本的运作质量，从而对创业企业发展具有促进作用。创业者的战略能力和组织能力能够促使新创企业在更大范围内参与竞争，为企业创造更大的价值，提升企业自身的成长绩效。创业者的领导能力对企业发展具有重要影响，包括战略能力、沟通能力、动员能力，可以帮助企业获得持续性的成功，更好地应对企业的挑战，高效地处理商业环境下的各种困难和突发问题。

创业承诺是创业机会发展的重要方面，也是影响创业成功的重要因素。创业承诺是指创业者认同并参与创业活动的程度，表明坚持创业的决心，反映创业者创业时投入的情感、精力以及资源的程度。当个体将创业视为一种职业选择或职业承诺时，他们会投入大量的时间、精力和努力来实现新企业的成长和发展。Tang J T（2008）认为，创业承诺高的个体即便创业失败，同样可以保持很高的认同感，会再次投身于创业中去。创业实践中难免会遇到困难，遭遇失败，而创业承诺能够帮助创业者以更积极的心态坚持不懈地创业，进而促进创业成功。

根据上面的分析，本书提出假设：

H3c：创业机会发展对创业成功有正向作用。

综上所述，创业机会的三个维度：创业机会识别、创业机会开发、创业机会发展对创业成功有正向作用，因此提出以下假设：

H3：创业机会对创业成功有正向作用。

3.3.3　创业机会的中介作用

基于上述分析，创业者社会特质及其四个维度：创业警觉、创业自我效能感、先前经验和社会资本均会正向作用于创业机会，而创业机会又能正向作用于创业成功。因此，提出假设：

H4：创业机会在创业者社会特质和创业成功之间发挥中介作用。

H4a：创业机会在创业警觉与创业成功之间发挥中介作用。

H4b：创业机会在创业自我效能感与创业成功之间发挥中介作用。

H4c：创业机会在先前经验与创业成功之间发挥中介作用。

H4d：创业机会在社会资本和创业成功之间发挥中介作用。

创业者的社会特质，无论是创业警觉、创业自我效能感还是先前经验和社会资本都是通过影响创业行为、从而影响创业过程进而影响创业结果，而创业机会识别是最重要的创业行为之一，也是创业中的重要环节，不可避免地会受到创业者社会特质的影响。创业者的创业警觉和自我效能感越强，先前经验和社会资本越丰富，创业机会的价值性识别和可行性识别就越精准，就越能找到与创业者匹配的创业机会，而创业者找到了与自己相匹配的创业机会，就越能激发自己的创业兴趣，发挥自己的优势和特长，创业投入也就更多，创业成功的可能性就更大。因此，提出假设：

H4e：创业机会识别在创业者社会特质和创业成功之间发挥中介作用。

创业机会识别只是创业的首要环节，精准的机会识别为新企业的创建与发展提供了成功的可能性，但新企业的创建以及价值的创造是通过创业机会开发实现的。机会开发是创业中最为核心的过程，会受到创业者社会特质及其各维度的影响。同时它又会影响创业结果。创业者的创业警觉和自我效能感越强，先前经验和社会资本越丰富，创业者越能广泛地获取信息和关键性资源，越敏锐地发现资源背后的价值，并能创造性地整合资源，创造价值，从而更成功地开发机会。而机会开发越成功，越能带来创业高绩效和创业高满意度，进而促进创业成功。因此，提出研究：

H4f：创业机会开发在创业者社会特质和创业成功之间发挥中介作用。

创业机会发展是企业创建后的持续运营管理，包括有效领导和激励创业员工，合理配置企业内部资源、及时调整战略目标和经营思路并有效协调各项工作任务和各种利益关系。新企业的建立并不意味着创业成功，创业是一个连续动态的过程，新企业创建之后还需继续加强组织管理，兑现创业承诺以对机会进行深度挖掘和利用，或者根据市场环境的变化做出战略调整，寻求新的发展机会，从而使得新创企业持续不断地成长和发展。创业机会发展是新创企业持续发展，走上创业成功的不可或缺的一个环节，创业者社会特质及其四个维度：创业警觉、自我效能感、先前经验、社会资本会对这一过程产生影响，而创业机会发展又会影响创业成功。创业者的创业警觉和自我效能感越强，先前经验和社会资本越丰富，越能提升新创企业的组织管理能力和战略决策能力；而自我效能感越强，创业承诺越高的创业者在面临困难，遭遇失败的情况下更能坚持不懈地创业。而这些都能促进创业成功。因此，提出假设：

H4g：创业机会发展在创业者社会特质和创业成功之间发挥中介作用。

3.4　创业环境不确定性的调节作用

创业环境不确定性是指创业环境的不可预测程度，包括动态性和敌对性两个维度。环境动态性反映环境中各要素变化的频率，其特征集中体现在技术更新、顾客消费偏好、产品需求及原材料的供应等方面，高水平的动态性意味着技术更新快、竞争加剧以及需求多变。环境敌对性表示创业资源的匮乏程度，也表明了市场竞争的激烈程度。

创业环境不确定性在创业过程中发挥了重要的调节作用。Miller 和 Friesen（1983）发现环境动态性能够促进高水平的企业运营管理产生较高企业绩效。Lumpkin 和 Dess（2001）认为，创业环境的敌对性对企业绩效产生了负向调节效应，因为敌对性环境下，企业面临的竞争和压力增大，企业的新战略实施会因为资源的匮乏而遭遇困难，有限资源的利用会变得更加谨慎保守，这种谨慎保守制约了创业者能力的发挥，最终使得新创企业的绩效难以提升。

Zahra 等（2006）通过对电子企业的研究发现，环境动态性增强了战略与企业成长之间的关系。Ensley 等（2006）发现环境动态性调节企业领导和企业绩效之间的关系，认为动态性环境下，企业家通过建立责任共担和奖励机制、提升团队的创业承诺能力和专注性来增强对企业的领导进而影响企业的绩效。Omri（2015）的研究发现创业企业的创新行为会随着环境的变化而变化，其对企业发展的影响也会因为环境变化的强度不同而呈现差异性，环境动态性调节创新行为对企业发展的作用。

创业是对内外部创业环境综合评估后采取的活动和结果，包括创业机会识别、创业机会开发、创业机会发展等核心活动，要求创业者具有较强的机会相关能力。创业环境既是创业的活动平台又是创业的发展条件，不仅对新创企业的绩效和成功产生影响，还会影响创业者的意愿、能力等。据全球创业观察的研究，创业环境通过影响创业机会（包括机会的分布、可开发性、形成机制等）来影响创业者的创业意愿及创业能力，进而影响创业者的创业活动。Valliere（2010）利用国家层面的创业调查数据，进一步阐述了创业机会、创业能力和创业活动的作用机制，认为创业环境与创业者的能力、创业环境与创业机会交互作用，共同影响创业企业绩效及区域经济发展。

创业机会识别、创业机会开发、创业机会发展作为创业的核心活动，会受到创业环境不确定性的影响。环境不确定性调节创业机会识别与创业成功之间的关系，其中动态性能够促进高水平的企业运营管理产生较高企业绩效，正向作用于创业者特质（能力）与绩效之间的关系，调节资源获取、整合、使用等创业行为对创业绩效的影响。机会的识别、资源获取、整合、使用、企业运营管理、创业绩效等都是影响创业成功的重要因素，在它们作用于创业成功的过程中，创业环境不确定性会对其关系进行调节。因此，提出假设：

H5：环境不确定性正向调节创业机会与创业成功的关系。

3.4.1 环境不确定性对创业机会识别与创业成功之间关系的调节作用

创业者不断与环境中的信息进行交互从而识别创业机会。来自环境的客观信息和创业者特征对机会识别都是至关重要的。创业者从环境的客观信息中感知、发现客观存在的机会，或基于环境中的客观信息创造机会，然后对创业机会的价值性和可行性进行评估，最终识别出和创业者自身因素相匹配的创业机会。创业机会的识别是创业的首要环节，对创业成功有重要影响。创业机会盈利性识别，帮助创业者识别盈利性强的机会，从而为机会开发提供成功的可能性，进而通过机会开发促进创业成功。强调创业者个性需求满足的非经济价值识别丰富了创业者对创业成功的理解，能够促进创业者自我驱动，提高了创业者的创业满意度，进而增强对创业成功的支持。可行性识别更加注重机会因素和创业者因素之间的关系，力图为创业成功提供一个良好的现实基础。

显然，创业机会识别会受到环境不确定性的影响。创业环境的动态性越高，意味着环境的变化越大，而"变化"会带来与众不同的事业的机会，如技术变革、政治变革、社会与人口变化都会带来机会，也就是说变化中蕴含着新的机会，变化越大，机会越多。因而，越是动态性水平高的环境中，机会识别能力对创业成功的影响越大。机会识别能力强的创业者越容易从众多的机会中识别出更有价值的创业机会，而识别出的创业机会越有价值，创业成功的可能性就越大。反之，在动态性水平较低的环境中，因机会缺乏或较少，创业者的机会识别能力优势难以体现，创业机会识别能力对创业成功的影响反倒减少。可见，动态性正向调节创业机会识别与创业成功之间的关系。

敌对性水平较高的环境中，市场竞争激烈，资源和机会更为匮乏，创业机会识别难度更大，这将给创业者带来更大的竞争压力。Timmons（1999）认为，竞争压力越大，创业者探索机会的意愿越强烈，新机会识别的可能性也会越大。越是在敌对性的环境下，创业机会识别能力强的创业者越能发挥其识别机会的优势，识别出有价值的可行的创业机会。越是在敌对性水平高的环境中，创业者往往更是谨小慎微，力求机会识别越精准有效。机会识别越精准有效，意味着创业者拥有的、可控的资源及其他因素能与创业机会需求的条件和因素之间的匹配程度越高，匹配程度越高越有利于创业者充分地发挥其创业优势，独辟蹊径地整合资源，开发机会，从而形成竞争优势，促进创业成功。此外，这种恰当的匹配会使得创业具有更强的风险抵御能力，从而避免失败。可见，越是在敌对性水平较高的环境中，创业机会识别对创业成功的作用越大。反之，在敌对性水平较低的环境中，创业机会识别难度相对较小，具有一定机会识别能力的创业者就能识别出机会，创业机会识别能力强的创业者机会识别优势的作用不明显，机会识别对创业成功的促进作用反倒不明显。

根据上面的分析，提出假设：

H5a：环境动态性在创业机会识别和创业成功之间起到正向的调节作用。

H5b：环境敌对性在创业机会识别和创业成功之间起到正向的调节作用。

3.4.2 环境不确定性对创业机会开发与创业成功之间关系的调节作用

权变理论指出，企业的成长和发展离不开外部的环境以及内部的组织。新创企业的成功会受到外部因素的直接影响。外部环境存在的动态性以及敌对性影响着新创企业的市场竞争战略。创业机会开发是综合考虑创业环境、机会特征和创业者自身的要求条件后的创业机会开发方式的战略选择及其具体的实施行为（张宝文，2018），是将创业机会转化为创业实践的过程，包括商业模式设计、组织创建、资源的整合与利用等。环境的动态变化会直接影响管理决策和企业的发展。环境的动态性通常体现为：产品、技术更新迭代快，人口统计特征显著变化，消费者偏好不断变化，行业政策不连续等方面。渐进创新式机会开发是指在现有的市场、产品、技术基础上进行一定的革新升级，从而提高这些产品和服务对于消费者的吸引力，并从中获取创业租金。它是对已有的特定目标—手段框架进行优化，一般表现为改进目前产品存在的缺陷，提升现有服务的质量，拓展目前的产品线等形式。

对于渐进创新式机会开发来说，环境动态性可能负向调节其与创业成功之间的关系。

动态性水平很高的创业环境中，创业者很难预测消费者的需求，也无法预判政策的变化、新产品新技术的发展前景和行业的发展趋势，这会严重影响创业者的决策水平，削弱创业者对企业的影响力和控制能力。更主要的是渐进创新式机会开发，主要是在现有的市场、产品、技术基础上进行一定的革新升级，其创新程度和创新速度满足不了高度动态环境下对创新的需求，企业发展会受到直接的负面影响，甚至导致其市场份额降低，面临被市场淘汰的风险。由此，环境动态性越强，渐进创新式机会开发对创业成功的影响越弱。而在低水平动态性的创业环境（相对稳定的环境）下，消费者本身的需求波动相对较低，因而很容易被预测，可通过预测市场需求，预判行业发展趋势和前景，并适时调整产品及服务，从而推动企业的进步及发展。可见，环境动态性在渐进创新式机会开发和创业成功之间产生负向调节效应。

环境的动态性越强，基于原有市场技术产品管理模式的局部性变革适应不了环境的巨大变化，而突破式创新机会开发能够带来全新的产品和服务以满足消费者的多样化需求，突破原有市场限制和企业发展瓶颈，使得新创企业形成新的竞争优势，建立发展中的先动优势，进而促进创业绩效的提升，实现创业成功。在动态水平较低的情况下，消费者偏好的波动较低，此时突破式创新发展会给企业带来负面的影响，增加研发以及创新的成本，全新的产品和服务因受到消费者需求的习惯性影响难以得到市场的响应与推广，进而对于创业的发展不利。可见，环境动态性正向调节突破创新式机会开发和创业成功之间的关系。

环境敌对性对于机会开发过程的影响同样非常重要，在敌对性较强的市场环境中，新创企业应该更加注重自身的差异化发展。因为处于高度敌对性市场环境中，市场竞争激烈，必然存在大量因为产品或者服务同质化而被市场淘汰的企业，而那些拥有不同市场的企业则可以在竞争中始终保持强有力的竞争力，获取收益。在激烈的市场竞争中，积极地进行产品以及服务的创新可以帮助企业获得市场发展中的先发优势，赢得客户的满意及市场的关注，这对于企业的发展有着重要的作用，市场的不同虽然为企业的创新带来了一定的风险，但是低强度的竞争有利于企业的成功，并且可以增强创业者对于创业本身的满意度。同时开发突破创新式机会还可以帮助企业获取先发优势，凭借高度创新的产品以及服务从市场的竞争中脱颖而出，企业可以先发制人，掌握游戏规则的制定权，这可以保证企业获取更多的良性收益（刘佳和李新春，2013）。因此从这个角度进行分析，当市场的竞争处于高强度的敌对状态时，开发突破创新式机会可以帮助企业得到更强的竞争力及发展绩效。

在环境敌对性较低的市场中，由于企业在发展的过程中竞争强度相对更低，因此具有差异化的竞争优势可以有效地降低竞争对手的数量，此时渐进式创新型机会可以帮助企业获取更加稳定的收益，但是这种收益的时间较短，很容易导致企业不思进取，消极地对待外部的创新及竞争，不利于企业的长期稳定发展，但是可以在短期内节省成本，保障企业的收益；同样地，在较低敌对性的环境中，如果企业仍然投入大量的资本用于突破创新，反而会增加企业的运行成本，降低企业成功的概率，此时在原有基础上进行适度的改进以及更新反而对企业未来的发展更加有利。因此根据上面的分析，本研究提出假设如下：

H5c：环境动态性调节创业机会开发和创业成功之间的关系。

H5d：环境动态性在渐进创新式机会开发和创业成功之间起到负向的调节作用。

H5e：环境动态性在突破创新式机会开发和创业成功之间起到正向的调节作用。

H5f：环境敌对性调节创业机会开发和创业成功之间的关系。

H5g：环境敌对性在渐进创新式机会开发和创业成功之间起到负向的调节

作用。

H5h：环境敌对性在突破创新式机会开发和创业成功之间起到正向的调节作用。

3.4.3 环境不确定性对创业机会发展与创业成功之间关系的调节作用

从进化论的角度进行分析，企业的生存和发展就是不断增强竞争力适应外部环境变化的过程。Ahmad 等（2010）的实证研究表明，对比于管理能力较差的创业者，具有很强企业管理能力的创业者在动态复杂情境中能更加有效地推动企业的发展及成功，这种观点和学者 Westerberg（1997）的研究结论基本一致，环境的动态性以及敌对性对创业者的管理能力提出了更高要求。Gibb（2005）认为创业者在面对复杂多变的外部环境，需要不断地增强自身的能力保证企业的生存与发展，Lindelof 和 Lofsten（2006）认为环境不确定性是市场中普遍存在的状况，为了保证创业的成功及企业的发展，要求创业者根据外部市场环境的变化做出及时的调整，更加有效地面对未来发展的不确定环境。

创业机会发展可以理解为企业创建后的运营管理，包括有效领导、激励员工，合理分配企业内部的资源、及时调整发展战略目标以及经营模式，并且协调各项工作和发展中的利害关系，既是对原有机会的深度开发、充分利用，也是新创业环境下对新机会的追寻。可从组织管理、战略管理以及创业承诺等角度分析创业运营管理对企业发展和管理的影响。

在高动态性环境中，蕴含着更多的机会，创业者通过及时调整发展战略，开发新产品，开辟新市场，创新经营模式来追寻新的发展机会，推动新创企业持续性发展并获得成功。而在低水平动态性环境中，创业机会相对更少，这不利于对新机会的追寻，甚至可能造成企业发展遭遇瓶颈。可见，越是在动态性环境中，创业机会发展对创业成功的影响越大。

在高水平敌对性环境中，虽然市场竞争激烈，但是创业者可通过战略管理和创业承诺来实现机会的发展，一方面，创业者通过及时调整发展战略目标，开发新产品，开辟新市场，创新经营模式来追寻新的发展机会，推动新创企业持续性发展并获得成功；另一方面，创业者通过创业承诺来促进创业成功。正如 Carsrud 和 Krueger（1995）的研究结果，在创业过程中，创业者本身的风险辨识以及承担能力会逐渐增强，同时创业承诺可以有效地增强创业者的决心及信心，努力地适应发展中存在的环境不确定性问题，这会提升创业的成功率。而在低水平敌对性环境中，战略管理能力和创业承诺难以发挥作用。可见，越是在敌对性环境中，创业机会发展对创业成功的影响越大。

结合以上分析，本研究提出的假设为：

H5i：环境动态性在创业机会发展和创业成功之间起到正向的调节作用。

H5j：环境敌对性在创业机会发展和创业成功之间起到正向的调节作用。

3.4.4 环境不确定性对创业机会中介作用的调节

综上分析，创业机会在创业者社会特质和创业成功之间发挥中介作用，创业环境不确定性又会调节创业机会和创业成功的关系，因此，认为创业机会的中介作用会受到创业环境不确定性的调节，动态性和敌对性能增强创业机会的中介作用。因此，提出假设：

H6：环境不确定性正向调节创业机会在创业者社会特质和创业成功之间的中介作用。

H6a：环境动态性正向调节创业机会在创业者社会特质和创业成功之间的中介作用。

H6b：环境敌对性正向调节创业机会在创业者社会特质和创业成功之间的中介作用。

3.5 本章小结

在创业过程中，创业者始终处于主导地位，发挥重要作用，其特质会对资源的利用方式和效率产生很大的影响（Ensley 等，2006）。如何激发创业者自身潜质，以识别开发利用创业机会，促进创业成功，成为亟待解决的问题。

本章基于前文的文献梳理构建了本书的概念研究模型，分析创业者社会特质对创业成功的作用机理，并提出相关研究假设。第一，分析创业者社会特质及其四个维度：创业警觉、自我效能感、先前经验、社会资本对创业成功的影响并提出相关假设。第二，在分析创业者社会特质对创业机会以及创业机会对创业成功的影响的基础上，探讨创业机会的中介作用，并提出相关研究假设。第三，考虑创业环境不确定性的影响，将其分成动态性和敌对性两个维度，分析其对创业机会和创业成功的调节效应，提出相关研究假设。第四，分析有调节的中介作用，提出相关研究假设。概念模型的构建以及研究假设的提出为下一步研究提供了理论基础。

第4章 实证研究设计

4.1 研究模型

本书以创业者社会特质（与创业者社会化密切相关的特质）为切入点研究创业成功，探索其对创业成功的作用机制。通过梳理文献、访谈创业者发现，创业者社会特质包括创业警觉、自我效能感、先前经验和社会资本四个维度，创业者社会特质及其维度会对创业成功、创业机会产生正向影响。创业机会包括机会识别、机会开发和机会发展三个维度，也会对创业成功产生正向影响，创业机会在创业者社会特质与创业成功之间起中介作用，创业机会对创业成功作用的发挥会受到所处创业环境不确定性的调节，构建研究模型如图4-1所示。

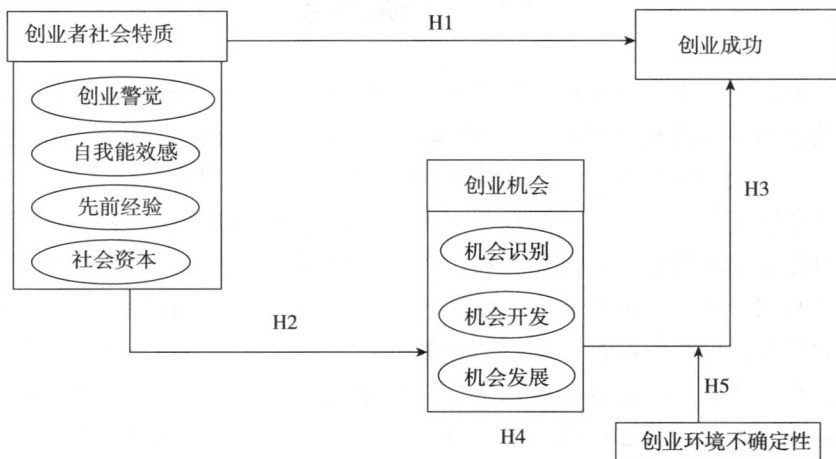

图4-1 创业者社会特质对创业成功的作用研究模型

4.2　访谈设计

当前，访谈法是社会科学研究（创业研究）领域中最常用的调查方法之一。通过与受访者的直接交流，能够及时灵活地获取较为全面、丰富的一手信息，深入地了解受访者心理活动、行为表现进而更客观真实地了解社会现实状况。访谈法对了解社会现实状况，进行问卷设计、开展实证研究都有重要意义。本书通过对创业者的半结构化访谈来获取创业者对创业者社会特质、创业机会、创业环境、创业成功及其相互关系的认识，从而为本书提供一手资料。访谈大体步骤为：根据粗略的访谈提纲，引导受访者对访谈中的问题畅所欲言，同时根据访谈得到的有价值的信息及时补充、调整相关访谈内容。半结构化访谈是很多研究采用的一种调查方式（如王弘钰，2010；单标安等，2014），这种方式有利于消除创业者的戒备心理以展开充分的讨论，进而获得想要的信息，也能够避免因"跑题"而难以获取有效信息。

4.2.1　访谈实施

本研究根据理论假设的内容和量表开发的需要进行了二次访谈，访谈对象为小微企业的创始人或核心成员（见表4-1）。第一次访谈主要围绕本书的理论假设展开，基本过程为：首先，明确访谈议题，围绕着创业者特质、创业成功、创业机会、创业环境等变量的具体内容及变量之间的关系来确定粗略的访谈提纲，尽可能用通俗易懂的语言来设置问题，以便更好地掌握影响创业成功的具体因素及变量之间的关系。其次，通过面谈或电话访谈的方式和每位创业者进行1小时左右谈话，了解上述变量涉及的内容及在创业实践活动中的关系，并且根据访谈得到的有价值的信息及时补充、调整访谈内容，以进一步拓宽本书的研究视野，深化本书的研究内容，这为理论模型的构建和假设内容的提出提供了实践依据。第二次访谈，主要是征求创业者对设计的问卷及相关测量题项的意见。

表4-1　访谈对象信息

被访者编号	被访者职位	企业地点	经营时间	所属行业
B1	董事长	长沙	7	文化娱乐
B2	董事长	深圳	3	跨境批发零售
B3	董事长	常德	6	住宿餐饮

被访者编号	被访者职位	企业地点	经营时间	所属行业
B4	董事长	湘潭	4	文化娱乐
B5	总经理	株洲	5	住宿餐饮
B6	销售经理	长沙	3	建筑房地产（装修）
B7	财务总监	益阳	2	文化娱乐
B8	教务长	北京	7	教育培训
G1	总经理	长沙	8	批发零售
G2	董事长	郴州	8	教育培训
G3	副总经理	长沙	7	工业制造
G4	总经理	长沙	3	教育培训

4.2.2 访谈结果

经过与12位创始人或创业团队核心成员的半结构化访谈，获得了与研究相关的较为全面丰富的信息，达到了访谈的预期目的，一是了解了创业实践者对本书涉及的变量及其相互关系的认识，为本书构建的理论整合模型提供了实践基础；二是为本书问卷设计和量表开发提供了参考。具体访谈结果包括以下几个方面：

第一，帮助确定创业者社会特质的内涵和维度。在第一次半结构化访谈中，创业者们普遍表示已经意识到创业者社会特质对创业成功具有重要意义，并在创业实践中着手培育和发展自身的社会特质；对于创业者社会特质的内涵，创业者各抒己见，但都提到了其社会化属性；对于创业者社会特质的维度的划分，受访者的看法也不尽一致，但是，创业警觉、创业自我效能感、先前经验以及社会资本是创业者提到的高频词汇。参考访谈结果，结合文献分析，本书初步明确了创业者社会特质的内涵和维度。

第二，明确了"人—机匹配"的重要意义。在访谈过程中，创业者们强调了机会的重要性，有人认为"机会选错了，后边会一错再错"，也有人认为"选择恰当的机会创业会事半功倍"，选择创业机会时应"有多大的脚穿多大的鞋"。通过对访谈的归纳总结，本书认为创业者和创业机会匹配对创业成功具有重要意义，"人—机匹配"值得探讨。

第三，帮助解读创业成功内涵。创业者们明确表示，通过创业获取经济上的回报是他们的主要目的，但不是唯一目的，创业成功还体现在获得"满

意的生活方式""较好的社会声望"以及情怀的追求、价值的实现和社会担当
等方面，有人认为"创业成功首先是新创企业的高绩效，但还应包括个人对
创业的满意"。因而，本书提出创业成功应包括新创企业组织绩效和创业者职
业成功两个方面。

第四，帮助修改完善了调查问卷及相关题项。在第二次半结构化访谈过程
中，受访者对本书编制的预调研问卷提出修改意见：一是减少测量题项的数量，
以免造成答题疲劳而影响答题质量；二是修改与主题不符的维度划分，进一步
完善某些题目的表达；三是对问卷内容做进一步的处理，以保证答卷的有效性。
本研究根据受访者意见，对调查问卷及相关题项进行了进一步的完善和优化。

4.3　变量测量

利用科学有效的测量方法对数据进行统计、分析、验证，是实证研究中
非常重要的环节。因为本研究涉及的变量较为抽象，难以定量化，故借鉴
Sekaran（2005）、塞克拉和鲍吉（2013）的研究方法，从维度和概念的特性
入手，将抽象的概念转化为可操作定义，最终提炼测度指标，例如，对创业
成功的维度划分就是采用该方法，对创业机会的维度划分主要从创业过程动
态视角出发，将其划分为创业机会识别、创业机会开发和创业机会发展三个
维度。除提炼测度指标外，主要参考借鉴国内外相关的成熟的量表。其中，采
用回译法对来自国外文献的量表题项进行回译，避免语言翻译错误，保证题项
的准确性（郭润萍和蔡莉，2017）。具体操作为：请从事翻译工作的朋友帮忙，
将中文问卷的题项翻译成英文，再和英文文献中的相关量表项目进行比对，然
后根据比对的结果针对中文问卷进行完善和优化。变量测量既要考虑其学术界
的认可应用程度，又要考虑中国的现实情境（张宝文，2018），因此，本研究在
借鉴国外成熟量表的同时，对其题项进行微调以更好地反映中国情境。

本研究需测量的变量为创业者社会特质、创业成功、创业机会以及创业
环境不确定性。在研究变量中，创业成功为被解释变量，创业者社会特质为
解释变量，创业机会为中介变量，创业环境不确定性为调节变量，创业者的
性别、年龄、学历、企业规模为控制变量。本研究借鉴国内外研究中较为成
熟的量表，采用国际通用的李克特五级计分法对题项进行评分，这有利于提
高问卷的回收率，降低问卷测量误差。

4.3.1　创业者社会特质的测量

创业者社会特质是创业者具有的区别于非创业者的社会化属性。创业者

是社会化的人，创业是一个社会化过程，在这个过程中创业者是新创企业和外界互联互动的重要因素，会与周边社会网络进行互动。创业者特质会影响创业信息的获取、机会的识别和资源的整合，某些特质又会在与社会的交流互动中得到改变与塑造。创业者社会特质是指在创业者社会化过程中形成的特质，与创业者社会化密切相关。本研究认为创业者社会特质可划分为四个维度，即创业警觉、自我效能感、先前经验和社会资本。

4.3.1.1 创业警觉

创业警觉是指创业者不需要刻意搜寻就能识别创业机会，它既体现创业者的机会搜寻发现能力，又体现创业者的信息搜寻获取能力。创业警觉本质上是对创业机会的一种敏感认知，代表了创业者对事物的洞察力和敏锐性。创业警觉会随着创业活动的开展而得到发展与提升。创业过程中要求创业者高度关注市场，对关键信息保持敏感，及时洞察市场变化，当这种对信息的敏感、对市场变化的敏感成为一种意识和习惯后，创业者在特定领域的洞察力和敏锐性会得到提升，并逐渐形成对创业机会原型和有用信息的敏感认知，使得创业者具有创业警觉。

本研究借鉴周卫中（2015）等学者的研究成果对创业警觉进行测量。该测量工具得到了国内学者的认可和应用（苗青，2006；魏喜武，2009；郭红东和周惠裙，2013；周键，2017），具有较高的可靠性。本研究从创业者对他人建议的态度、对事物的敏锐性、对问题的思考、对身边创意的态度四个方面测量创业警觉，共包括九个题项，具体的测量题项如表4-2所示。

表4-2 创业警觉测量题项

变量	题项	文献来源
创业警觉	1. 我乐意倾听他人的不同意见。	Li（2004，2012）；周卫中等（2015）
	2. 我有较好的倾听技巧，并且经常鼓励他人表达意见。	
	3. 我乐于接受他人的负面意见。	
	4. 我能准确敏锐地洞察创业行业的市场空缺点。	
	5. 我能提前察觉机会的风险并积极应对。	
	6. 当头脑中出现创意时，我会立马深入思考并采取行动。	
	7. 我喜欢从不同视角去思考同一个问题。	
	8. 我认为远见和直觉对创业很重要。	
	9. 我对新鲜事物敏感好奇。	

4.3.1.2　自我效能感

创业自我效能感是创业者对完成创业任务或实现创业目标的自信程度，是个体基于自身能力和行为结果的认知的主观心理感受。本研究参考 Wilson 等（2007）、Lucas 和 Cooper（2005）、Ozgen（2003）的研究成果、借鉴其采用的测量工具对创业自我效能感进行测量。该测量工具得到了国内学者的普遍认可和广泛应用（刘万利等，2011；方阳春，2014；李永周等，2015；周键，2017），具有较高的可靠性。本研究从创业者自我评价（包括冒险、创新、抗压、竞争力等）、创业信心、对周边资源的敏感性、行动的积极性等方面测量创业者的自我效能，共设计九个题项，具体的测量题项如表 4-3 所示。

表 4-3　自我效能感测量题项

变量	题项	文献来源
自我效能感	1. 我认为自己是个成功的人。	Ozgen（2003）；Lucas 和 Cooper（2005）；Wilson 等（2007）
	2. 我在现实工作中富有竞争力。	
	3. 我能识别出有价值的创业机会。	
	4. 我有较为完备的工作知识、技能。	
	5. 我有很强的抗压能力，能克服创业过程中的困难。	
	6. 我富有冒险精神，敢于尝试新鲜事物。	
	7. 我有强烈的自我驱动力，能够促使我在创业过程中积极思考，探索前行。	
	8. 我富有创新精神和能力。	
	9. 我对自己创办的企业非常有信心。	

4.3.1.3　先前经验

先前经验是指创业者从其经历中获得的创业相关隐性知识和技能。先前经验能够拓宽创业者的知识范围，深化创业者对特定领域中问题的认识，提升创业者整合、分享知识资源的能力，进而推动创业者更为有效地识别创业机会、帮助创业者获取资源，整合利用资源。先前经验可包括创业经验、行业经验和管理经验三个维度的观点得到了学者们的普遍认同。本研究在 Stuart（1990）、孙晨（2013）等人的研究基础上，从创业经验、行业经验与管理经验三个方面测量创业者先前经验，量表包括 11 个题项，具体的测量题项如表 4-4 所示。

表 4-4　先前经验测量题项

变量	题项	文献来源
行业经验	1. 创业前就很熟悉本行业。	Stuart（1990）；薛红志（2009）；孙晨（2013）
	2. 创业前就与本行业有较多业务往来。	
	3. 创业前就对本行业核心技术很熟悉。	
	4. 创业前就对本行业的客户需求很熟悉。	
创业经验	5. 本次创业前就有过成功的创业经历。	
	6. 创业前对新企业创建过程很熟悉。	
	7. 创业前对新企业的常见困难很熟悉。	
	8. 创业前对新企业的团队组建、人员分配很熟悉。	
	9. 创业前对新企业的核心业务（产品或服务）很熟悉。	
管理经验	10. 创业前从事过管理工作，对管理工作很熟悉。	
	11. 创业前参加过管理工作的培训。	

4.3.1.4　社会资本

创业者的社会资本是指创业者从自身的社会网络中获取资源和利益的能力，主要包括创业者的社会关系网络和信誉两个维度。社会资本对创业机会识别、新创企业绩效（谢雅萍和张金连，2014）、创业成功（刘芳和吴欢伟，2010；陈建安等，2011；郭文臣等，2014；周文霞等，2015）等都存在影响。社会资本是创业者社会特质的一个重要维度，要探讨其对创业成功的作用，先要对其进行测量。本研究对社会资本的测量参考 Liao 和 Welsch（2003）、王巧然和陶小龙（2016）、张宝文（2018）研究量表中的相关题项，并且综合考量我国的实际情况进行调整，采用主观测量法，利用李克特五级量表进行测试，"1"表示和此类人员的交流非常少，"5"表示和此类人员的交流非常多。具体如表 4-5 所示。

表 4-5　社会资本测量题项

变量	题项	文献来源
社会资本	1. 与创业的朋友和亲属交情深。	Liao 和 Welsch（2003）；王巧然和陶小龙（2016）
	2. 与买方公司的高管交情深。	
	3. 与供货方公司的高管交情深。	
	4. 与竞争对手公司的高管来往多。	
	5. 与政府各级别官员来往多。	
	6. 与行业主管部门官员来往多。	
	7. 与工商、银行、税务等行政部门的官员来往多。	
	8. 与非银行融资机构的高管来往多。	
	9. 与高校、科研院所的相关专家来往多。	
	10. 本人信誉好，口碑好。	

4.3.2　创业成功的测量

创业成功是本研究的被解释变量，本研究从新创企业绩效和创业者职业成功两个方面对其进行测量。

新创企业绩效主要从新创企业的盈利性和成长性两个方面来测量。盈利性是测量企业绩效最为有效的预测指标之一，成长性可通过与行业内其他竞争者的不同维度上的比较进行测量。新创企业绩效量表，主要借鉴谢雅萍等（2016）、Powell 和 Eddleston（2013）、Ling 和 Kellermanns（2010）的研究量表，并对题项做了微调，以更好地反映中国情境。数据采集方面，因新创企业内部相关管理数据不够完备，本研究借鉴谢雅萍和张金连（2014）、张宝文（2018）采用的主观评价法，即收集由创业者自我填写的相关数据。

创业者职业成功主要从职业满意度和社会声望两个维度来测量。测量量表主要借鉴 Chen 等（2015、2017）、Greenhaus 等（1990）的量表设计思路，然后结合中国情境下对职业成功的理解，提炼出相关题项。本研究采用主观测量法获取创业者职业成功的相关数据。创业成功的具体测量题项如表 4-6 所示。

表 4-6 创业成功测量题项

变量		题项	文献来源
创业成功	新创企业绩效	1. 公司主营业务有较好的市场份额。	谢雅萍等（2016）；Powell 和 Eddleston（2013）；Ling 和 Kellermanns（2010）；Chen 等（2015、2017）；Greenhaus 等（1990）
		2. 公司利润水平始终保持领先水平。	
		3. 净资产收益率始终保持领先水平。	
		4. 和竞争对手对比，公司的销售额增长速度更快。	
		5. 和竞争对手对比，公司的产品创新以及服务提升增长的速度更快。	
	创业者职业成功	6. 和竞争对手对比，公司员工的数量增加的速度更快。	
		7. 我对目前职业总体目标的实现感到满意。	
		8. 我对目前收入增长感到满意。	
		9. 我对目前的职业成长与进步感到满意。	
		10. 我对目前的人生价值实现感到满意。	
		11. 我在所属行业有较高的知名度。	
		12. 我在所属行业有较高的声望。	

4.3.3 创业机会的测量

4.3.3.1 创业机会识别的测量

Timmons（2000）开发《机会评价量表》，提出从 8 个方面采用 53 个指标对创业机会进行评价、识别。该量表的权威性和通用性得到学者们的广泛认同。陈海涛（2007）在该量表的基础上，通过理论分析的方式进一步概括提炼出二阶六因素模型，该模型通过盈利性和可行性两个维度反映机会特征，再通过产业/市场、经济性、竞争优势三大类指标反映机会的盈利性，通过创业个人/团队特征、社会网络、关键能力三个维度反映机会的可行性。模型中28 个具体评价指标主要来源于 Timmons 的《机会评价量表》中指标的选取。

Timmons（2000）和陈海涛（2007）都强调机会识别过程中对机会经济性价值的关注，但实际上，创业机会的识别不仅需要关注它的盈利性、经济性，还要关注到其他的一些非经济方面的价值，比如，人生价值是否得以实现、对创业带来的生活方式是否满意等。因此，本研究将从机会的价值性和可行性两个维度来识别机会。机会的价值性不仅涵盖盈利性还包括非经济方面的价值。对机会的识别不仅考虑第三人称机会的识别，还要考虑其第一人称机会的识别，简言之，首先要考虑的是这个机会是一个有价值的机会，还要考虑它是一个适合"我"的有价值的可行性的机会,强调从创业者实际条件出发,选择合适的机会,实现创业者和机会的恰当匹配。

因此,本研究从市场前景、目标实现两个方面,采用 8 个题项(见表 4-7 中的第 1~8 项)对其价值性进行度量。可行性方面,主要从顾客对产品的接受和购买意愿,开发优势和风险控制三个方面,采用 8 个题项进行测量,具体见表 4-7 中的第 9~16 项。

表 4-7　创业机会测量题项

变量		题项	文献来源
创业机会	创业机会识别	1. 该机会的市场规模大,销售潜力达到 1 千万元到 10 亿元。	Timmons（2000）; 陈海涛（2007）
		2. 预期市场成长率达 30%~50% 甚至更高。	
		3. 预估达到盈亏平衡点的时间为 1.5~2 年。	
		4. 销售额年增长率高于 15%。	
		5. 有良好的现金流量,能占到销售额的 20%~30%。	
		6. 能获得持久的税后利润,税后利润超过 10%。	
		7. 能实现我的创业目标。	
		8. 能带给我想要的生活方式。	
		9. 产品或服务能被顾客接受和购买。	
		10. 我拥有开发机会的低成本供货渠道,具有成本优势。	
		11. 我拥有开发机会的产品优势,我的产品独具一格,难以复制。	
		12. 我拥有开发机会的技术优势。	
		13. 我拥有开发机会的市场优势（销售网络、促销手段等）。	
		14. 我拥有开发机会的团队优势。	
		15. 我拥有开发机会相关的专利或其他独占性优势。	
		16. 我能识别、承受机会带来的风险。	
	创业机会开发	17. 本企业不断完善产品改进服务。	Dewar 和 Dutton （1986）; He 和 Wong（2004）
		18. 本企业经常改进技术和工艺。	
		19. 本企业适时调整改进营销方式（价格、销售渠道、促销手段等）。	
		20. 本企业拥有很多专利、版权或商标。	
		21. 本企业是新工艺新技术的创造者。	
		22. 本企业开拓了新市场。	

变量		题项	文献来源
创业机会	机会发展	23. 我能有效地领导并且激励员工。	Zhang 等（2009）；Garzo'n（2010）
		24. 我能充分合理利用企业内部的人财物等各种资源。	
		25. 我能适应环境变化，并根据实际情况，适时调整企业的发展战略和经营模式。	
		26. 我能高效地协调各种工作以及利害关系。	
		27. 我能承受创业过程中的意外与变故。	
		28. 我能在逆境中坚定执着地创业。	

4.3.3.2　创业机会开发

根据创新程度的不同，本研究创业机会开发划分为渐进创新式机会开发和突破创新式机会开发两种方式，并采用主观测量法对其进行测量，测量量表主要参考借鉴 Dewar 和 Dutton（1986）、He 和 Wong（2004）和陈海涛（2007）等的研究成果，选取其中实证检验后因子载荷较高的题项，这些量表得到很多学者的认同和应用（杨学儒等，2011；张梦琪，2015；张宝文，2018）。渐进创新式机会开发的测量题项见表 4-7 中的第 17~19 项。突破创新式机会开发的测量题项见表 4-7 中的第 20~22 项。

4.3.3.3　创业机会发展

本书将创业机会发展看作是企业创建后的运营管理，既是对原有机会的充分利用，也是对新的市场环境下的新机会的追寻，它包括日常的组织管理、战略管理及创业承诺，涉及资源配置、员工的激励与领导、关系的平衡与协调、战略调整、创新发展及创业承诺。创业承诺是创业者认同并参与创业活动的程度，反映创业者坚持创业的决心和创业者创业时投入情感、精力以及资源的程度。当个体将创业视为一种职业选择或职业承诺时，他们会投入大量的时间、精力和努力来实现新企业的成长和发展。创业承诺往往会在遭遇创业困境，克服创业的过程中发挥重要作用，提升创业者的抗压抗挫能力，使得创业者不轻易放弃，坚持创业。在对运营管理进行测量的过程中，参考了 Zhang 等（2009）、Garzo'n（2010）、周键（2017）等人的研究成果，测量内容主要涵盖了创业者的组织管理能力、战略选择能力及决策能力，这种测量方式得到了国为部分学者的认可与应用（尹苗苗和费宇鹏，2013；郭润萍和蔡莉，2014），表明量表具有较好的信效度。此外，特意增加两项："我能承受创业过程中的意外与变故""我能在逆境中坚定执着地创业"来测量运营管理中的创业承诺。具体的测量题项见表 4-7 中的第 23~28 项。

4.3.4　创业环境不确定性的测量

创业环境指影响创业活动的各种要素的组合，包括新创企业内部要素和外部要素，涉及创业过程中离不开的支持性条件和必须克服的限制性障碍。创业环境是一个多维度的概念，从创业环境的特征角度着手，参考李大元（2015）的研究，本研究将其分为动态性与敌对性两个维度。动态性主要考察创业环境因素变化的频率，主要包括产品的更新速度、竞争对手的变化情况以及消费者偏好的变化等。环境动态性测量主要借鉴学者 Miller 和 Friesen（1982）开发的并得到广泛认可和应用（周键，2017；张宝文，2018）的成熟量表，同时也参考了 Dess 和 Beard（1984）、刘树森（2014）的相关研究成果。创业环境的敌对性主要反映市场竞争的激烈程度，主要从行业竞争程度、盈利性、成长性三个方面进行测量。环境敌对性借鉴学者 Khandwalla（1976、1977）开发的在组织学和战略管理学中得到广泛认可和应用的量表（如冯军政，2013；张宝文，2018）。具体如表 4-8 所示。

表 4-8　创业环境测量题项

变量		题项	文献来源
创业环境	动态性	1. 本行业中产品的更新速度较快。	Miller 和 Friesen（1982）；Beatd（1984）；刘树森（2014）；Khandwalla（1976、1977）
		2. 企业很难预测消费者的偏好。	
		3. 企业很难预测竞争对手的行动。	
		4. 企业所处行业的政府政策不稳定。	
	敌对性	5. 企业所处行业竞争异常激烈。	
		6. 企业所处行业长期（三年以上）预期增长速度慢。	
		7. 企业所处行业存在激烈的价格战。	
		8. 企业所处行业目前盈利性较差。	

4.3.5　控制变量的选取

为了保证研究结论的有效性，本次研究选择了控制变量的方式，利用这种方式降低无关变量对于结果的影响。控制变量的选择主要考量两个方面的因素：一是创业者特征，如性别、年龄、学历、父母背景、创业动机；二是创业企业的特征，如企业规模。既有研究表明这些变量对创业机会、创业成功等变量有影响。

创业活动会受到创业者性别和创业动机的影响。Shane 等（1991）研究的结果显示男女创业者之间的差异非常明显。这主要是由于他们的创业动机存在差异，因此各自创业目标也存在不同，男性创业者往往追求更高的社会地位，女性创业者往往追求工作中的独当一面与兼顾家庭的平衡。蔡莉等（2005）的研究表明，男女性创业者在创业动机、创业融资等方面存在显著差异。Fischer 等（1993）认为创业初始阶段，男性创业者比女性创业者拥有更丰富的经验。经验往往会影响创业机会的识别与开发。机会选择方面，相比男性创业者，女性创业者更倾向创新度低的机会。此外，学者们认为，性别还会影响新创企业绩效和创业者职业成功。因此将创业者的性别和动机作为控制变量加以考察。本研究设置性别为虚拟变量，男生取值为 1，女生取值为 0。

年龄是影响创业活动的重要因素之一。不同年龄的人，阅历不同，承担的家庭责任、受到的家庭制约也不同。一般情况下，创业者的年龄越大，其阅历也越丰富，见识也更广，考虑问题更为周全完善，拥有更多的社会资本，能更好地识别创业风险，但其所承担的家庭责任更大，受到的家庭制约也更多，往往更关注创业的成功和稳定，缺乏冒险与闯劲。而年轻的创业者，虽然经验积累和社会资本方面不如年长者，但其优势在于，初生牛犊不怕虎，敢于尝试敢于冒险，拥有着即使失败还可以从头再来的良好创业心态和勇往直前的闯劲。年龄会影响创业者的创业态度，进而影响创业者的决策，最终影响创业活动。因此将创业者的年龄作为一个控制变量加以考察。

高阶理论认为，管理层的学历与其信息处理能力正相关，学历高的管理者制定决策时可以更加全面有效地分析问题，因此学历是影响创业绩效的一个因素（李春涛、孔笑微，2005）。新创企业高管团队的教育水平和企业绩效之间同样存在显著性的关系（杨浩等，2015）。学历影响着创业者的认知方式，不同学历的创业者认知方式不同，对信息的解读不同，创业过程中的决策方式也不同，进而影响创业效果。此外，学历还会通过影响创业者的社交网络来影响创业者的信息获取能力和资源整合能力，进而影响创业效果。因此，本研究将创业者的学历作为控制变量。

既有研究表明，企业规模与企业的生存和发展密切相关。创业企业的规模有大有小，不同规模的企业其灵活性存在差异。在创业过程中，伴随着创业环境的不断变化，新创企业往往需要做出适时地应对，比如，战略的调整，人员的调配。与规模大的新创企业相比，规模较小的新创企业具有更强的灵活性，能更加及时地响应外部环境的变化，应验了"船小好调头"。此外，规模还会影响其抵御风险的能力，和大规模企业相比，小规模企业风险的抵御能力要弱些。可见新创企业的规模会影响其成功，因此将规模作为控制变量。

4.4　问卷形成与发放

4.4.1　问卷设计

本书通过问卷调查数据，对基于文献分析和创业访谈结果而构建的受创业环境调节的创业者社会特质—创业机会—创业成功的理论分析模型进行验证，以探究它们之间的关系。问卷调查法是社会科学研究常用的一种研究方法。问卷的质量直接影响到后期数据的质量，因而问卷设计不可小觑。本研究的问卷设计始终围绕着本研究涉及的创业者社会特质、创业机会、创业成功和创业环境四大变量及其维度展开。各变量及其维度的测量，主要是采用国内外较为成熟的量表，但也进行了一些微调和创新，比如，对创业机会发展的测量。创业机会发展是一个新概念，它既包括常规的企业组织管理和战略管理，又不完全等同于成熟企业的管理。新企业创建后会有诸多的"新创弱性"，这要求创业者具有更强的创业承诺能力。因而，本研究一方面借鉴国内外的成熟量表对其日常组织管理和战略管理进行测量，另一方面结合访谈的情况，开发题项对其创业承诺进行测量，如增加题项："我能承受创业过程中的意外与变故""我能在逆境中坚定执着地创业"。

本次研究中调查问卷主要包含了以下几项内容：首先是问卷前言，主要阐明调查研究目的和意义，承诺数据不做商业用途，严格保护受访者个人信息，采用匿名方式填写，消除受访者的顾忌，确保受访者可以更加真实有效地填写问卷；其次是问卷中的附加内容，主要涉及相关控制变量：创业者的年龄、性别、学历以及新创企业规模等；最后是问卷的正文部分，其主要内容涵盖了创业者社会特质、创业机会、创业环境等，此外，问卷中还设计了一个效度题。问卷的正文部分，变量的测量采用李克特五点计分法，根据正文的内容确定题目对应的描述状况，其中 1 表示完全不相同，3 表示处于中间状态，而 5 表示完全赞同，受访者应该结合实际情况如实填写。

在问卷设计过程中，尽量做到言简意赅、表述清晰、逻辑合理，避免诱导性的问题，以保证能为本研究获取更客观真实地反映创业活动的有效数据。

此外，因研究的大部分测量题项来自国外的成熟量表，为避免翻译过程中产生的语义偏离，特请英语专业的博士对测量题项进行回译。问卷初稿形成后，请了两位创业专家进行指导，根据专家的意见进行了完善优化。

4.4.2　问卷预测试与问卷最终形成

首先，根据问卷填写者反馈的情况修正问卷。将设计好的问卷交予创业的朋友填写，并与其就问卷质量，答题中的问题进行深度访谈，然后将表述存在歧义的问题进行修订，确保题目的设定符合实际的填写习惯。同时还对题目的序号进行调整，保证受访者对要填写的内容完全了解，这可以更好地保证测量结果的准确性。

其次，进行预调研和预测试，并结合预测试的情况修正问卷。通过问卷星发放电子调查问卷，问卷的主要发放对象为小微企业的创始人或创始团队的核心人员，共回收 137 份问卷。随后进行预测试，检验测量工具的信度和效度。其一，对回收到的 137 份问卷进行筛选，剔除效度题答错的，共得到有效问卷 125 份，其二，进行因子分析以及信效度检验。在分析的过程中，利用 SPSS24.0 软件处理数据，并且根据分析的结果对内容进行调整，排除问卷中标准化因子载荷低于 0.5 并且项目整体相关性低于 0.5 的题目，最终生成更新后的题项（见表 4-9），然后针对修正后的题目进行信度检验。研究结果表明，本次量表中的 Cronbachis Alpha 均高于 0.7，修订完成以后的问卷具有更好的信度（见第 5 章），经过上述步骤的完善以后，测量工具更为有效。最终根据测量题项形成最终问卷。

表 4-9　各变量最终测量题项

变量	题项
创业警觉	EA1. 我乐意倾听他人的不同意见。
	EA2. 我有较好的倾听技巧，并且经常鼓励他人表达意见。
	EA3. 我能准确、敏锐地洞察创业行业的市场空缺点。
	EA4. 我能提前察觉机会的风险并积极应对。
	EA5. 我喜欢从不同视角去思考同一个问题。
	EA6. 我对新鲜事物敏感好奇。

变量			题项
自我效能			SEF1. 我在现实工作中富有竞争力。 SEF2. 我能识别出有价值的创业机会。 SEF3. 我有较为完备的工作知识、技能。 SEF4. 我有强烈的自我驱动力，能够促使我在创业过程中积极思考，探索前行。 SEF5. 我富有创新精神和能力。 SEF6. 我对自己创办的企业非常有信心。
先前经验			PE1. 创业前就很熟悉本行业。 PE2. 创业前就与本行业有较多业务往来。 PE3. 本次创业前就有过成功的创业经历。 PE4. 创业前对新企业创建过程很熟悉。 PE5. 创业前对新企业的常见困难很熟悉。 PE6. 创业前对新企业的团队组建、人员分配很熟悉。 PE7. 创业前从事过管理工作，对管理工作很熟悉。
社会资本			SC1. 与创业的朋友和亲属交情深。 SC2. 与买方公司的高管交情深。 SC3. 与供货方公司的高管交情深。 SC4. 与竞争对手公司的高管来往多。 SC5. 与政府各级别官员来往多。 SC6. 本人信誉好，口碑好。
创业机会	创业机会识别	价值性识别	OI1. 该机会的市场规模大，销售潜力达到 1 千万元到 10 亿元。 OI2. 预期市成长率达 30%~50% 甚至更高。 OI3. 预估达到盈亏平衡点的时间为 1.5~2 年。 OI4. 销售额年增长率高于 15%。 OI5. 有良好的现金流量，能占到销售额的 20%~30%。 OI6. 能实现我的创业目标。
		可行性识别	OI7. 产品或服务能被顾客接受和购买。 OI8. 我拥有开发机会的低成本供货渠道，具有成本优势。 OI9. 我拥有开发机会的产品优势，我的产品独具一格，难以复制。 OI10. 我拥有开发机会的技术优势。 OI11. 我拥有开发机会的市场优势（销售网络、促销手段等）。 OI12. 我拥有开发机会的团队优势。

变量			题项
创业机会	创业机会开发	渐进创新式机会开发	OE1. 本企业不断完善产品改进服务。
			OE2. 本企业经常改进技术和工艺。
			OE3. 本企业适时调整改进营销方式（价格、销售渠道、促销手段等）。
		突破创新式机会开发	OE4. 本企业拥有很多专利、版权或商标。
			OE5. 本企业是新工艺新技术的创造者。
			OE6. 本企业开拓了新市场。
	创业机会发展		OD1. 我能有效地领导激励和督促员工。
			OD2. 我充分合理地配置企业的人财物等各种资源。
			OD3. 我能适应环境变化，并适时调整战略目标和经营思路。
			OD4. 我能有效地协调各项工作和各种利益关系。
			OD5. 我能承受创业过程中的意外与变故。
			OD6. 我能在逆境中坚定执着地创业。
创业成功	新创企业绩效		OP1. 公司主营业务有较好的市场份额。
			OP2. 公司利润水平在同行业处于领先地位。
			OP3. 公司的净资产收益率在同行业处于领先地位。
			OP4. 与竞争对手相比，公司的销售额增长很快。
	创业者职业成功		CSE1. 我对目前职业目标的实现感到满意。
			CSE2. 我对目前收入增长感到满意。
			CSE3. 我对目前的职业成长与进步感到满意。
			CSE4. 我在所属行业有较高的声望。
创业环境	动态性		DE1. 本行业中产品更新很快。
			DE2. 企业很难预测消费者的偏好。
			DE3. 企业很难预测竞争对手的行动。
			DE4. 企业所处行业的政府政策不稳定。
	敌对性		HE1. 企业所处行业竞争异常激烈。
			HE2. 企业所处行业长期（三年以上）预期增长速度慢。
			HE3. 企业所处行业存在激烈的价格战。
			HE4. 企业所处行业目前盈利性较差。

4.4.3　问卷发放与数据收集

问卷的发放对象仍为小微企业的创始人或创业团队的核心成员。问卷发放之前，首先要确定样本的数量。对于样本的数量有一定的要求，一般情况下每个题项需要 5~10 个样本进行观察，样本的数量过多或者过少都会对数据的处理产生负面影响甚至最终影响分析结果的有效性（吴明隆，2003，2010）。据此，本研究共有 65 个题项，因而，问卷数量应在 600 左右。然后，通过网上问卷调查和现场问卷调查的方式开展调查。现场问卷调查过程中，主要是到高校的创业教育与实践中心，向正在创业的大学生、研究生发放问卷调查。网络调查主要通过问卷星获取调查数据。大力发动"创业者"亲戚、朋友、同学、同事、学生帮忙填答问卷或发动身边的创业者填答问卷，并根据实际情况，确定每个人的回收问卷的数量。最终收到 620 份有效问卷。

4.5　本章小结

本章介绍了本书的实证研究设计，主要内容有本书的理论研究模型、访谈设计、变量测量、问卷形成与发放。根据构建的研究模型确定了变量，并且设计了对应的量表，将创业者社会特质分为四个维度，分别对应为创业警觉、自我效能感、先前经验以及社会资本。针对自我效能感设计了 9 个相关的题项，针对创业警觉设计了 8 个相关的题目，针对先前经验设计了 11 个相关的题项进行测度，社会资本由 11 个题项进行测度；将创业机会划分为创业机会识别、创业机会开发和创业机会发展三个维度，分别由 12 个、6 个、6 个题项进行测量，其中将创业环境分为动态性和敌对性两个不同的维度，一共包含了 8 个题项。创业成功一共有 12 个题项。此外，将创业者的年龄以及性别等因素作为变量进行控制。基于此设计了初版的调查问卷，然后针对其进行预测试，在保证信度以及效度的情况下对题项进行删除、优化，保留 65 个测量题，并形成正式的调查问卷。最终，多途径发放问卷共获得有效问卷 620 份，为后期实证分析提供了基础。

第5章 数据分析及结果讨论

缩略词

创业者社会特质 Social characteristics of entrepreneurs　SCE

创业警觉 Entrepreneurial alertness　EA

自我效能感 Self-efficacy　SEF

先前经验 Previous experience　PE

社会资本 Social capital　SC

创业机会 Entrepreneurial opportunity　EO

机会识别 Opportunity identification　OI

机会开发 Opportunity exploitation　OE

机会发展 Opportunities to develop　OD

企业组织绩效 Organizational performance　OP

创业者职业成功 Career success of entrepreneurs　CSE

动态性环境 Dynamic environment　DE

敌对性环境 Hostile environment　HE

创业环境 Entrepreneurial environment　EE

5.1　统计分析方法

本书采用 SPSS24.0、PROCESS3.5 和 AMOS24.0 对数据进行统计分析。利用均数和标准差对数值型变量进行描述。对于分类变量则采用频数和百分比进行描述。以 Harman 单因素检验法作为共同方法偏差的检验方法。将 Cronbach's Alpha（α 系数）作为信度测量指标。通过探索性因子分析和验证性因子分析探讨量表的效度，用 CR 和 AVE 分别检测组合信度和收敛效度；通过相关分析考察各变量之间的相互关系，当 AVE 开方值>该变量与其他变量的相关系数时，表明该变量的区分效度佳。通过 AMOS 建立潜变量结构方程模型验证创业机会在创业者社会特质和创业成功之间的中介作用。基于 SPSS 的 PROCESS 插件，通过 Model1 验证创业环境不确定性在创业机会和创业成功之间的调节作用，通过 Model14 验证创业环境不确定性对创业机会在创业者社会特质和创业成功之间的中介的调节作用。检验水准为 0.05，即 P<0.05，差异具有统计学意义。

5.2　描述性统计分析

对样本进行描述性统计分析，了解样本构成和基本情况，为后续模型的构建与分析提供依据与参考。本研究从以下两个方面进行描述性统计分析：一是样本特征的分析，即对控制变量的描述分析，主要涉及创业者的年龄、性别、学历等信息；二是对测量题项的描述分析，主要涉及题项的平均值、标准差、偏斜度等相关统计特征。

5.2.1　样本特征分析

（1）性别

性别可能对本研究产生影响，因此，对其进行了描述性统计和控制，由表 5-1 可知，总样本数为 620 份，其中 53.1% 为男性样本，46.9% 为女性样本，样本中男性创业者比例略高于女性创业者比例。

（2）年龄

由表 5-1 可知，85% 的样本的年龄集中在 23～45 岁，这其中 23～30 岁年龄段的样本占比为 47.4%，31～38 岁年龄段的样本占比为 21.8%，39～45 岁年龄段的样本占比为 15.8%，可见，23～30 岁年龄段的样本最多。这一结果与蒂蒙斯等（2005）的研究结果基本一致，即创业者的年龄大都集中于 30 岁左右。这主要是因为 30 岁左右的青年人既积累了一定的社会资本和经验，又有初生牛犊不怕虎的创业自信和即使失败了还可以从头再来的冒险精神，且年富力强，因而创业意愿更强。此外，其他年龄段的创业者相对较少但还是有，其中，22 岁及以下的创业者占比为 7.4%，46～55 岁年龄段的占比为 5%，56 岁以上的占比为 2.6%。

（3）学历

由表 5-1 可知，本科学历的样本占比 47.1%，高中及以下学历的样本占比 19.7%，专科学历的样本比例为 18.5%，硕士和博士学历的创业者占比分别为 10.5% 和 4.2%。可见，本科学历的创业者是当前创业的主力军队，创业意愿更为强烈。

（4）专业

由表5-1可知，经管类专业的样本最多，占比为28.4%，其次是理、工科类专业的，占比分别为14.2%和14.5%，文史类、艺体类专业样本相对较少，占比分别为11.8%和11.0%。

（5）创业经历

由表5-1可知，有创业经历的样本占比为43.1%，无创业经历的样本占比为56.9%，可见，当前约有40%的创业者是二次创业甚至多次创业。二次创业甚至多次创业的原因可能是先前创业失败了，也可能是发现了新的更好的创业机会，反映出对创业成功的执着追求。

（6）创业动机

由表5-1可知，创业者的主要创业动机有三类，分别为获得经济上的回报，满足生存需要，占比为33.4%；实现自己的梦想和抱负，占比为46.1%；其他占比为20.5%。

（7）企业经营年限

由表5-1可知，经营年限不到一年的企业占比为27.1%，1~3年的企业占比为40.3%，3~5年的企业占比为22.1%，5~8年的企业占比为10.5%。

（8）企业规模

由表5-1可知，样本中的大多数创业企业都是小规模企业，其中，规模在10人以下的占比为41.9%，规模在11~50人的占比为31.1%，规模在51~100人的占比为21.6%；规模在101~200人的占比为3.2%；规模在200人以上的占比为2.1%。

表5-1　样本特征

名称	项目	样本数量	百分比
性别	男性	329	53.1
	女性	291	46.9
年龄	22岁以下	46	7.4
	23~30岁	294	47.4
	31~38岁	135	21.8
	39~45岁	98	15.8
	46~55岁	31	5.0
	56岁以上	16	2.6

续表

名称	项目	样本数量	百分比
学历	高中及以下	122	19.7
	专科	115	18.5
	本科	292	47.1
	硕士	65	10.5
	博士	26	4.2
专业	经管类	176	28.4
	理科类	88	14.2
	文史类	73	11.8
	工科类	90	14.5
	艺体类	68	11.0
	其他	125	20.2
父母职业	机关事业单位	71	11.5
	企业职工	243	39.2
	创业者	93	15.0
	农民	114	18.4
	自由职业	64	10.3
	其他	35	5.6
创业经历	没有	353	56.9
	有	267	43.1
创业动机	生存需要	207	33.4
	实现自己的梦想和抱负	286	46.1
	其他	127	20.5
企业年限	≤1	168	27.1
	1~3	250	40.3
	3~5	137	22.1
	5~8	65	10.5
企业规模	10 人以下	260	41.9
	11~50 人	193	31.1
	51~100 人	134	21.6
	101~200 人	20	3.2
	其他	13	2.1

注：N=620，资料来源：笔者整理绘制。

5.2.2 测量题项的描述性统计分析

利用 SPSS24 对 620 份有效样本进行统计分析，统计结果如表 5-2 所示。由表 5-2 可知，第一，样本的各变量的测量题项的标准差、平均值等统计信息未出现异常。第二，根据 Kline（1998）的观点，样本各题项的偏（斜）度绝对值小于 3，样本各题项峰度的绝对值小于 10 时，可视样本数据呈正态分布。本书调查数据采用李克特五点计分法，各个题项的偏（斜）度（Skewness）的绝对值和峰度（Kurtosis）的绝对值都小于 3，可见，样本数据呈正态分布，可以构建结构方程模型进行检验。

表 5-2 测量题项描述性统计

Variable	Item	Minimum	Maximum	Mean	Std. Deviation	Skewness	Kurtosis
	EA1	1.00	5.00	3.94	0.88	−0.97	1.32
	EA2	1.00	5.00	3.81	0.91	−0.44	−0.01
	EA3	1.00	5.00	3.66	0.96	−0.35	−0.30
	EA4	1.00	5.00	3.57	0.97	−0.34	−0.22
	EA5	1.00	5.00	3.74	0.96	−0.47	−0.11
	EA6	1.00	5.00	3.79	0.99	−0.65	0.04
EA		1.17	5.00	3.75	0.73	−1.14	1.36
	SEF1	1.00	5.00	3.46	1.03	−0.50	−0.04
	SEF2	1.00	5.00	3.42	1.06	−0.42	−0.33
	SEF3	1.00	5.00	3.49	1.09	−0.45	−0.41
	SEF4	1.00	5.00	3.46	1.12	−0.38	−0.57
	SEF5	1.00	5.00	3.50	1.07	−0.26	−0.69
	SEF6	1.00	5.00	3.50	1.10	−0.45	−0.43
SEF		1.33	5.00	3.47	0.84	−0.68	−0.31
	PE1	1.00	5.00	3.40	1.07	−0.42	−0.45
	PE2	1.00	5.00	3.37	1.14	−0.35	−0.56
	PE3	1.00	5.00	3.21	1.20	−0.23	−0.90
	PE4	1.00	5.00	3.27	1.10	−0.34	−0.41
	PE5	1.00	5.00	3.30	1.16	−0.42	−0.60
	PE6	1.00	5.00	3.36	1.07	−0.37	−0.34

续表

Variable	Item	Minimum	Maximum	Mean	Std. Deviation	Skewness	Kurtosis
	PE7	1.00	5.00	3.38	1.15	−0.33	−0.70
PE		1.00	4.86	3.33	0.89	−0.51	−0.55
	SC1	1.00	5.00	3.36	1.06	−0.31	−0.49
	SC2	1.00	5.00	3.30	1.10	−0.36	−0.49
	SC3	1.00	5.00	3.35	1.13	−0.39	−0.45
	SC4	1.00	5.00	3.23	1.11	−0.25	−0.53
	SC5	1.00	5.00	3.25	1.13	−0.30	−0.58
	SC6	1.00	5.00	3.55	1.07	−0.62	−0.12
SC		1.00	4.83	3.34	0.90	−0.52	−0.72
社会特质		1.52	4.68	3.47	0.63	−0.60	−0.06
	OI1	1.00	5.00	3.25	1.18	−0.29	−0.72
	OI2	1.00	5.00	3.20	1.11	−0.13	−0.69
	OI3	1.00	5.00	3.41	1.13	−0.36	−0.61
	OI4	1.00	5.00	3.38	1.10	−0.38	−0.46
	OI5	1.00	5.00	3.23	1.08	−0.15	−0.56
	OI6	1.00	5.00	3.27	1.09	−0.14	−0.60
	OI7	1.00	5.00	3.28	1.13	−0.25	−0.65
OI		1.29	5.00	3.29	0.86	−0.45	−0.71
	OE1	1.00	5.00	3.45	1.15	−0.49	−0.55
	OE2	1.00	5.00	3.41	1.17	−0.42	−0.57
	OE3	1.00	5.00	3.39	1.23	−0.48	−0.65
	OEA	1.00	5.00	3.42	1.09	−0.59	−0.64
	OE4	1.00	5.00	3.20	1.10	−0.26	−0.68
	OE5	1.00	5.00	3.23	1.15	−0.24	−0.72
	OE6	1.00	5.00	3.18	1.16	−0.29	−0.63
	OEB	1.00	5.00	3.21	1.03	−0.40	−0.78
OE		1.00	5.00	3.31	0.97	−0.55	−0.58
	OD1	1.00	5.00	3.46	1.05	−0.53	−0.38
	OD2	1.00	5.00	3.48	1.12	−0.42	−0.50
	OD3	1.00	5.00	3.42	1.13	−0.49	−0.40

Variable	Item	Minimum	Maximum	Mean	Std. Deviation	Skewness	Kurtosis
	OD4	1.00	5.00	3.41	1.06	−0.31	−0.45
	OD5	1.00	5.00	3.45	1.09	−0.40	−0.37
	OD6	1.00	5.00	3.41	1.09	−0.39	−0.36
OD		1.17	5.00	3.44	0.88	−0.58	−0.56
创业机会		1.51	4.84	3.35	0.73	−0.45	−0.46
	OP1	1.00	5.00	3.32	1.14	−0.29	−0.75
	OP2	1.00	5.00	3.23	1.10	−0.23	−0.59
	OP3	1.00	5.00	3.25	1.14	−0.11	−0.79
	OP4	1.00	5.00	3.23	1.20	−0.28	−0.74
OP	OP	1.00	5.00	3.26	0.99	−0.35	−0.98
	CSE1	1.00	5.00	3.25	1.16	−0.24	−0.77
	CSE2	1.00	5.00	3.22	1.16	−0.22	−0.76
	CSE3	1.00	5.00	3.34	1.15	−0.38	−0.56
	CSE4	1.00	5.00	3.24	1.12	−0.29	−0.52
CSE	CSE	1.00	5.00	3.26	1.00	−0.41	−0.78
创业成功	VSC	1.00	4.88	3.26	0.87	−0.34	−0.83
	DE1	1.00	5.00	3.45	1.05	−0.38	−0.53
	DE2	1.00	5.00	3.29	1.12	−0.26	−0.59
	DE3	1.00	5.00	3.28	1.06	−0.16	−0.54
	DE4	1.00	5.00	3.26	1.14	−0.18	−0.65
DE		1.00	5.00	3.32	0.93	−0.42	−0.69
	HE1	1.00	5.00	3.47	1.13	−0.48	−0.51
	HE2	1.00	5.00	3.40	1.10	−0.37	−0.53
	HE3	1.00	5.00	3.41	1.16	−0.44	−0.56
	HE4	1.00	5.00	3.32	1.14	−0.17	−0.73
HE		1.00	5.00	3.40	1.00	−0.57	−0.68
创业环境		1.25	4.75	3.36	0.82	−0.49	−0.48

注：N=620。

5.3 信度与效度分析

本研究通过问卷调查获取数据，数据的质量有赖于问卷的信度和效度，因而首先对问卷的信效度进行分析。

5.3.1 信度分析

信度分析主要是分析本研究中每个构念所涉及的测量题项的稳定性和内部一致性。稳定性是指受访者在填写问卷时使用的测量标准大致相同，偏差在可接受范围内。内部一致性是指题项之间的相关性（Evdke 和 Zinbarg，2009），即几个测量题项是否描述同一个构念。

本研究主要通过 Cronbach's Alpha、CITC 和 CIAD 对研究构念及其维度进行度量。Cronbach's Alpha（克朗巴赫系数 α 系数）是内部一致性信度检验的最常用的方法（塞克拉和鲍吉，2013），通常认为该系数大于或等于 0.7 则具有较好的信度，大于 0.9 则具有较理想的信度。此外，还用 CITC 和 CIAD 来检测题项的可信度，CITC（Corrected Item-Total Correlation）指经校正的题项与总体的相关性，若某题项 CITC>0.4，则认为该题项是可靠的，否则，则需要结合 CAID 进一步确认是否该将其删除。CIAD（Cronbach's Alpha if Item Deleted）指题项删除后的克朗巴赫 Alpha 系数，若 CAID 明显高于该维度 Cronbach's Alpha，则认为删除该题项是合理的，即删除该题项后能够提高该维度整体的信度；反之，CAID≤该维度 Cronbach's Alpha，则没有明显证据支持删除该题目（见表5-3）。

表 5-3 信度分析

Variable	Item	Mean	Std. Deviation	N	CITC	CAID	Cronbach's Alpha	N of Items
EA	EA1	3.94	0.882	620	0.680	0.835	0.862	6
	EA2	3.81	0.906	620	0.689	0.833		
	EA3	3.66	0.960	620	0.667	0.836		
	EA4	3.57	0.969	620	0.634	0.843		
	EA5	3.74	0.957	620	0.609	0.847		
	EA6	3.79	0.990	620	0.653	0.839		

Variable	Item	Mean	Std. Deviation	N	CITC	CAID	Cronbach's Alpha	N of Items
SEF	SEF1	3.46	1.029	620	0.709	0.844	0.872	6
	SEF2	3.42	1.063	620	0.643	0.855		
	SEF3	3.49	1.094	620	0.756	0.835		
	SEF4	3.46	1.118	620	0.685	0.848		
	SEF5	3.50	1.075	620	0.605	0.862		
	SEF6	3.50	1.104	620	0.643	0.856		
PE	PE1	3.40	1.072	620	0.688	0.883	0.897	7
	PE2	3.37	1.142	620	0.667	0.886		
	PE3	3.21	1.201	620	0.736	0.878		
	PE4	3.27	1.102	620	0.725	0.879		
	PE5	3.30	1.163	620	0.748	0.876		
	PE6	3.36	1.075	620	0.668	0.885		
	PE7	3.38	1.150	620	0.667	0.886		
SC	SC1	3.36	1.057	620	0.759	0.875	0.898	6
	SC2	3.30	1.100	620	0.837	0.862		
	SC3	3.35	1.130	620	0.729	0.879		
	SC4	3.23	1.111	620	0.727	0.879		
	SC5	3.25	1.135	620	0.729	0.879		
	SC6	3.55	1.070	620	0.566	0.903		
社会特质							0.924	25
OI	OI1	3.25	1.176	620	0.689	0.865	0.884	7
	OI2	3.20	1.109	620	0.669	0.868		
	OI3	3.41	1.126	620	0.620	0.874		
	OI4	3.38	1.103	620	0.761	0.856		
	OI5	3.23	1.076	620	0.669	0.868		
	OI6	3.27	1.091	620	0.635	0.872		
	OI7	3.28	1.127	620	0.671	0.868		

续表

Variable	Item	Mean	Std. Deviation	N	CITC	CAID	Cronbach's Alpha	N of Items
OE	OE1	3.45	1.155	620	0.792	0.888	0.910	6
	OE2	3.41	1.168	620	0.732	0.897		
	OE3	3.39	1.232	620	0.760	0.893		
	OE4	3.20	1.104	620	0.761	0.893		
	OE5	3.23	1.152	620	0.701	0.901		
	OE6	3.18	1.165	620	0.754	0.893		
OD	OD1	3.46	1.050	620	0.795	0.866	0.896	6
	OD2	3.48	1.119	620	0.770	0.869		
	OD3	3.42	1.131	620	0.757	0.871		
	OD4	3.41	1.065	620	0.672	0.884		
	OD5	3.45	1.086	620	0.670	0.885		
	OD6	3.41	1.093	620	0.653	0.887		
创业机会							0.922	19
OP	OP1	3.32	1.136	620	0.783	0.848	0.889	4
	OP2	3.23	1.104	620	0.777	0.851		
	OP3	3.25	1.137	620	0.722	0.871		
	OP4	3.23	1.195	620	0.748	0.861		
CSE	CSE1	3.25	1.161	620	0.874	0.823	0.895	4
	CSE2	3.22	1.163	620	0.687	0.894		
	CSE3	3.34	1.147	620	0.799	0.852		
	CSE4	3.24	1.122	620	0.714	0.883		
创业成功							0.898	8
DE	DE1	3.45	1.051	620	0.692	0.848	0.871	4
	DE2	3.29	1.119	620	0.784	0.811		
	DE3	3.28	1.061	620	0.713	0.840		
	DE4	3.26	1.137	620	0.714	0.841		

Variable	Item	Mean	Std. Deviation	N	CITC	CAID	Cronbach's Alpha	N of Items
HE	HE1	3.47	1.134	620	0.822	0.860	0.903	4
	HE2	3.40	1.103	620	0.790	0.872		
	HE3	3.41	1.165	620	0.777	0.876		
	HE4	3.32	1.140	620	0.739	0.889		
创业环境							0.862	8

5.3.2 效度分析

效度描述结果是否正确或可靠（吴明隆，2010），一般包括内容效度、收敛效度、区分效度以及建构效度几个方面。

问卷内容效度主要衡量问卷设计过程是否科学规范以及测量题项的语言表达和意义特征能否准确真实地反映研究内容。效度的主观性很强，因此其检测方法也是主观的。本研究通过以下措施来保证研究的内容效度：第一，问卷的主要测量题项来自国内外成熟的量表，这在一定程度上保证了本研究问卷的良好的内容效度。第二，问卷初稿完成后，请两位相关专家审阅把关，批评指导。第三，开展预调研，一方面，请填答过预调研问卷的创业者，谈填写感受，并就问卷的语言表达、测量题项的设计等内容提出宝贵意见；另一方面，通过预测试的统计分析发现问卷中的问题。第四，综合专家、填写过问卷的创业者的意见以及预测试情况，对问卷进行优化完善，形成最终问卷。

收敛效度是指测量相同潜在特征的项目应该在相同的因子维度中，也就是说，这些项目的测量应该是高度相关的。对主要构念项目的收敛效度的检验，根据以往的研究惯例，通常用标准化因子负荷值、组合信度（CR）以及平均变异数抽取量（AVE）来测量。一般来说，当各测量项目的标准化因子负荷大于0.7时处于理想水平，当多数大于0.6，说明整体因子负荷是可以接受的，大于0.5的即可保留，小于0.4的需要删除（邱浩政，2017）；组合信度（CR）的值在0.7以上，且平均变异抽取量（AVE）在0.5以上，表明问卷的收敛效度比较好。

区分效度指各个构念所代表的含义不同且可以加以区分。较好的区分效度是指受访者能够明确区分出各个构念的不同含义，不会引起构念上的混淆。

一般来说，主要通过比较平均变异数抽取量（AVE）与相关系数来检验区分效度。若各变量的平均变异数抽取量（AVE）的平方根值大于该变量与其他变量的相关系数则表示问卷的区分效度良好。此外，还可通过验证性因子分析，结合模型的拟合度进行检验，常用的拟合指标有：χ^2/df、RMSEA、PG-FI、IFI、TLI、CFI，检验标准见表 5-6。

对于建构效度，通常的判别方法是因子分析，即依据计算的参数指标判定建构效度（吴明隆，2010）。

5.3.2.1　创业者社会特质问卷的效度分析

如表 5-4 所示，从探索性因子分析角度而言，KMO＝0.918＞0.7，表明该部分适合进行因子分析。累计方差贡献率为 62.656%，大于 60% 的临界值，说明提取 4 个公因子所包含的信息占总信息的 62.656%。主成分分析策略可以更好地涵盖主要信息。采用主成分因子分析，经最大方差法旋转因子矩阵，删除低于 0.4 的因子载荷。第一，旋转后的各公因子成分与原始假设一致，公因子 1 为 PE（先前经验），公因子 2 为 SC（社会资本），公因子 3 为 SEF（自我效能感），公因子 4 为 EA（创业警觉）；第二，各题项的因子载荷均大于 0.5；第三，结合 KMO＝0.918＞0.7 及累计方差贡献率＝62.656%＞60%。故认为从探索性因子分析角度而言创业者社会特质量表效度较好。

表 5-4　创业者社会特质的探索性因子分析

Component	1	2	3	4
PE1	0.693			
PE2	0.690			
PE3	0.789			
PE4	0.801			
PE5	0.794			
PE6	0.749			
PE7	0.728			
SC1		0.767		
SC2		0.857		
SC3		0.760		

续表

Component	1	2	3	4
SC4		0.790		
SC5		0.792		
SC6		0.654		
SEF1			0.774	
SEF2			0.668	
SEF3			0.831	
SEF4			0.760	
SEF5			0.629	
SEF6			0.712	
EA1				0.769
EA2				0.746
EA3				0.739
EA4				0.680
EA5				0.671
EA6				0.725
Eigenvalues	8.877	2.618	2.235	1.935
% of Variance	35.507	10.470	8.940	7.739
Cumulative %	35.507	45.977	54.918	62.656

KMO=0.918, Bartlett's Test of Sphericity, Approx. Chi-Square=8718, df=300, P<0.001

另外，共同方法偏差是一种系统性的误差，用于揭示由于同样的数据来源和测量环境、同一的问卷变量测量所引起的人为共变性。这种人为的共变对研究结果产生潜在的误导，应加以控制。Harman 单因素检验法是最为常见的共同方法偏差检验方法，如果主成分因子分析未经旋转的第一公因子的方差解释百分比小于50%，那么认为不存在严重的共同方法偏差。由表5-4可知，主成分因子分析未经旋转的第一公因子的方差解释率为35.507%，小于临界值50%，因而，认为不存在严重的共同方法偏差。

从验证性因子分析角度而言，通过 AMOS24.0 构建创业者社会特质的验证性因子模型如图5-1所示。

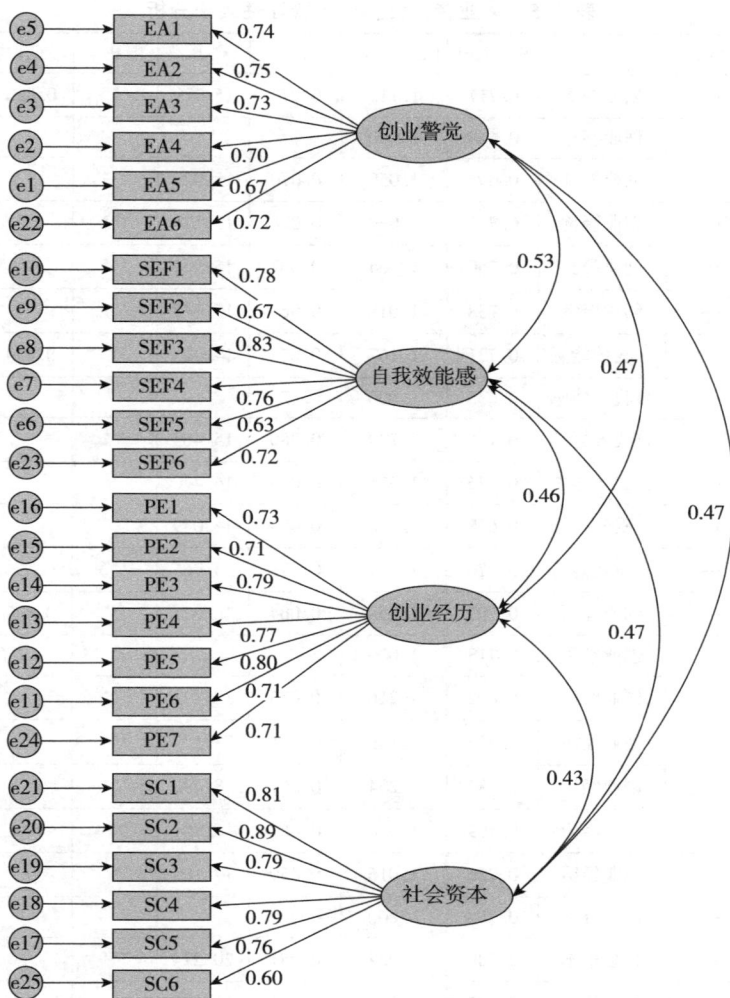

图 5-1　创业者社会特质的验证性因子分析模型

对创业者社会特质进行验证性因子分析，结果如表 5-5 所示，由表 5-5 可知，第一，标准化路径系数（因子载荷，判断标准：不得低于 0.5，0.6 以上为可接受水平，0.7 以上为理想水平）均大于 0.5，表明因子载荷均较大；第二，平均方差提取量（AVE）大于 0.50，表示该潜变量具有较好的收敛效度。组合信度（CR）均高于 0.70，表示该潜变量具有较好的组合信度；第三，拟合指数均达到标准（见表 5-6）。因此从验证性因子分析角度认为创业者社会特质问卷效度佳。

表 5-5　创业者社会特质的验证性因子分析

	Road		Standard	Unstandard	S. E.	C. R.	P	CR	AVE
EA6	←	创业警觉	0.717	1.112	0.072	15.379	***	0.863	0.513
EA5	←	创业警觉	0.668	1.000					
EA4	←	创业警觉	0.698	1.059	0.070	15.028	***		
EA3	←	创业警觉	0.725	1.090	0.070	15.524	***		
EA2	←	创业警觉	0.750	1.064	0.067	15.963	***		
EA1	←	创业警觉	0.738	1.018	0.065	15.745	***		
SEF6	←	自我效能感	0.721	1.167	0.078	14.925	***	0.874	0.538
SEF5	←	自我效能感	0.635	1.000					
SEF4	←	自我效能感	0.756	1.239	0.080	15.465	***		
SEF3	←	自我效能感	0.826	1.325	0.080	16.470	***		
SEF2	←	自我效能感	0.668	1.040	0.074	14.049	***		
SEF1	←	自我效能感	0.776	1.171	0.074	15.765	***		
PE7	←	创业经历	0.705	1.058	0.064	16.621	***	0.897	0.556
PE6	←	创业经历	0.713	1.000					
PE5	←	创业经历	0.802	1.216	0.065	18.823	***		
PE4	←	创业经历	0.772	1.109	0.061	18.157	***		
PE3	←	创业经历	0.787	1.234	0.067	18.499	***		
PE2	←	创业经历	0.709	1.056	0.063	16.701	***		
PE1	←	创业经历	0.726	1.016	0.059	17.105	***		
SC5	←	社会资本	0.756	1.000				0.9	0.604
SC4	←	社会资本	0.789	1.022	0.051	20.224	***		
SC3	←	社会资本	0.795	1.046	0.051	20.392	***		
SC2	←	社会资本	0.892	1.143	0.049	23.176	***		
SC1	←	社会资本	0.805	0.992	0.048	20.699	***		
SC6	←	社会资本	0.595	0.743	0.050	14.787	***		

表 5-6　Model Fit Summary

Fit	χ^2	df	χ^2/df	RMSEA	PGFI	IFI	TLI	CFI
Model	1039.542	269	3.864	0.068	0.726	0.910	0.899	0.910
Critia			<5	<0.08	>0.5	>0.9	>0.9	>0.9

5.3.2.2 创业机会问卷的效度分析

如表 5-7 所示，从探索性因子分析角度而言，KMO=0.912>0.7，表明该部分适合进行因子分析。累计方差贡献率为 64.758%>60%，即提取 3 个公因子时，所包含的信息占总信息的 64.758%，采用主成分分析策略能较好地涵盖主要信息。采用主成分因子分析，经最大方差法旋转因子矩阵，删除低于 0.4 的因子载荷。第一，旋转后的各公因子成分与原始假设一致，公因子 1 为 OI（机会识别），公因子 2 为 OE（机会开发），公因子 3 为 OD（机会发展）；第二，各题项的因子载荷均大于 0.5；第三，结合 KMO=0.912>0.7 及累计方差贡献率=64.758%>60%，故认为从探索性因子分析角度而言创业机会量表具有较好的效度。

表 5-7 创业机会问卷的探索性因子分析

Component	1	2	3
OI1	0.725		
OI2	0.712		
OI3	0.675		
OI4	0.805		
OI5	0.749		
OI6	0.707		
OI7	0.748		
OE1		0.786	
OE2		0.732	
OE3		0.782	
OE4		0.828	
OE5		0.786	
OE6		0.804	
OD1			0.830
OD2			0.814
OD3			0.787
OD4			0.721
OD5			0.737
OD6			0.701
Eigenvalues	7.939	2.284	2.081

Component	1	2	3
% of Variance	41.786	12.019	10.953
Cumulative %	41.786	53.805	64.758
KMO=0.912, Bartlett's Test of Sphericity, Approx. Chi-Square=7525, df=171, P<0.001			

另外，Harman 单因素检验法表明方差解释百分比为 41.786%，小于 50%，认为不存在严重的共同方法偏差。

对创业机会进行验证性因子分析，结果如表 5-8 所示，由表 5-8 可知：第一，标准化路径系数（因子载荷，判断标准：不得低于 0.5，0.6 以上为可接受水平，0.7 以上为理想水平）均大于 0.5，表明因子载荷均较大。第二，平均方差提取量（AVE）均大于 0.50，表示各潜变量具有较好的收敛效度。组合信度（CR）均高于 0.70，表示各潜变量具有较好的组合信度。因此从验证性因子分析角度认为创业机会问卷效度尚可。

表 5-8　创业机会的验证性因子分析

	Road		Standard	Unstandard	S. E.	C. R.	P	CR	AVE
OI7	←	机会识别	0.730	1.100	0.067	16.357	***	0.885	0.525
OI6	←	机会识别	0.685	1.000					
OI5	←	机会识别	0.727	1.046	0.064	16.298	***		
OI4	←	机会识别	0.821	1.213	0.067	18.124	***		
OI3	←	机会识别	0.664	0.999	0.067	15.010	***		
OI2	←	机会识别	0.709	1.052	0.066	15.939	***		
OI1	←	机会识别	0.726	1.142	0.070	16.285	***		
OE3	←	机会开发	0.850	1.000				0.908	0.623
OE2	←	机会开发	0.817	0.910	0.037	24.837	***		
OE1	←	机会开发	0.880	0.970	0.035	28.029	***		
OE4	←	机会开发	0.742	0.781	0.036	21.462	***		
OE5	←	机会开发	0.688	0.756	0.039	19.287	***		
OE6	←	机会开发	0.743	0.825	0.038	21.498	***		
OD4	←	机会发展	0.718	1.000				0.897	0.594
OD3	←	机会发展	0.812	1.200	0.062	19.337	***		

	Road		Standard	Unstandard	S. E.	C. R.	P	CR	AVE
OD2	←	机会发展	0.814	1.191	0.061	19.394	***		
OD1	←	机会发展	0.853	1.172	0.058	20.291	***		
OD5	←	机会发展	0.711	1.010	0.060	16.954	***		
OD6	←	机会发展	0.703	1.006	0.060	16.771	***		

从验证性因子分析角度而言，通过 AMOS24.0 构建创业机会的验证性因子模型如图 5-2 所示。

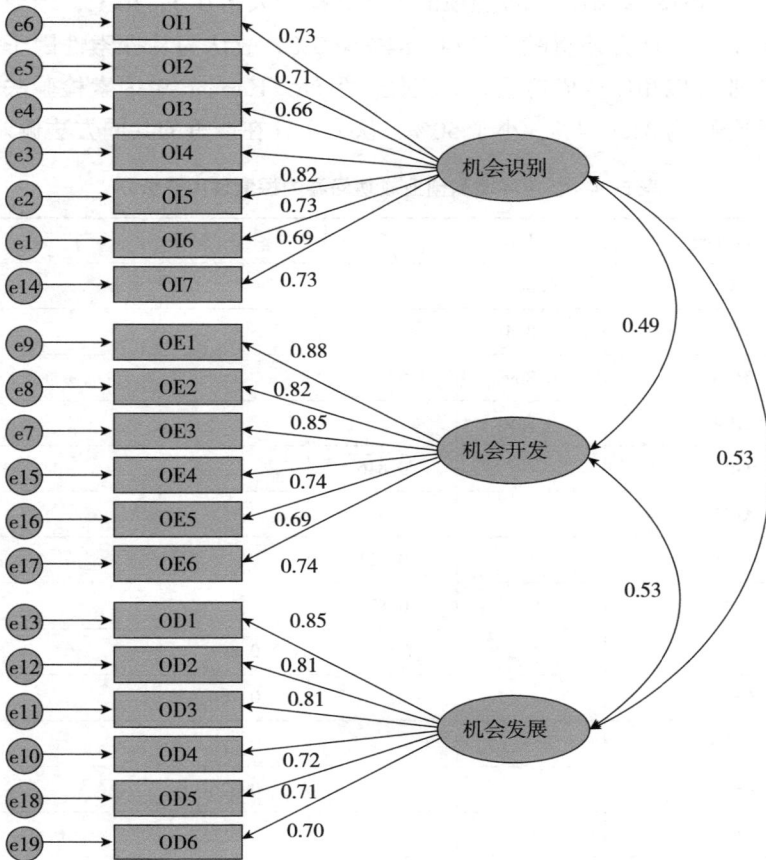

图 5-2　创业机会的验证性因子分析模型

5.3.2.3 创业环境和创业成功问卷的效度分析

创业环境和创业成功问卷的探索性因子分析结果如表 5-9 所示，从探索性因子分析角度而言，KMO=0.851>0.7，表明该部分适合进行因子分析。累计方差贡献率为 75.484%>60%，即提取 4 个公因子时，所包含的信息占总信息的 75.484%，采用主成分分析策略能较好地涵盖主要信息。采用主成分因子分析，经最大方差法旋转因子矩阵，删除低于 0.4 的因子载荷。第一，旋转后的各公因子成分符合原始假设，公因子 1 为 HE（敌对性环境），公因子 2 为 OP（创业组织绩效），公因子 3 为 CSE（创业者职业成功），公因子 4 为 DE（动态性环境）；第二，各题项的因子载荷均大于 0.5；第三，结合 KMO=0.851>0.7 及累计方差贡献率=75.484%>60%。故认为从探索性因子分析角度而言创业环境和创业成功量表效度佳。另外，Harman 单因素检验法表明方差解释百分比为 31.074%，小于 50%，认为不存在严重的共同方法偏差。

表 5-9 创业环境和创业成功问卷的探索性因子分析

Component	1	2	3	4
HE1	0.883			
HE2	0.874			
HE3	0.869			
HE4	0.829			
OP1		0.846		
OP2		0.837		
OP3		0.811		
OP4		0.822		
CSE1			0.861	
CSE2			0.760	
CSE3			0.878	
CSE4			0.826	
DE1				0.804
DE2				0.875
DE3				0.818
DE4				0.820

续表

Component	1	2	3	4
Eigenvalues	4.972	3.927	1.829	1.349
% of Variance	31.074	24.543	11.433	8.434
Cumulative %	31.074	55.617	67.050	75.484
KMO=0.851, Bartlett's Test of Sphericity, Approx. Chi-Square=6914, df=120, P<0.001				

从验证性因子分析角度而言，通过 AMOS24.0 构建验证性因子模型如图 5-3 所示。

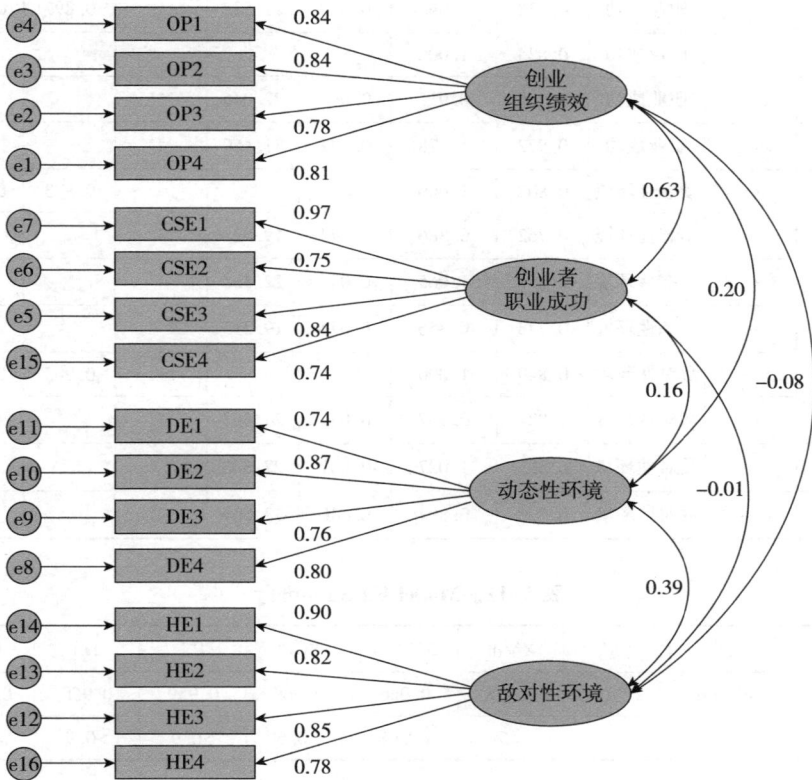

图 5-3　创业环境和创业成功问卷部分的验证性因子分析模型

由表 5-10 可知，第一，标准化路径系数（因子载荷，判断标准：不得低于 0.5，0.6 以上为可接受水平，0.7 以上为理想水平）均大于 0.5，表明因子载荷均较大。第二，平均方差提取量（AVE）均大于 0.50，表示各潜变量具有较好的收敛效度。组合信度（CR）均高于 0.70，表示各潜变量具有较好的组合信度。第三，拟合指数均接近或达到标准（见表 5-11）。因此从验证性因子分析角度认为创业环境和创业成功问卷效度较佳。

表 5-10　创业成功和创业环境的验证性因子分析

	Road		Standard	Unstandard	S. E.	C. R.	P	CR	AVE
OP4	←	组织绩效	0.808	1.000				0.890	0.670
OP3	←	组织绩效	0.781	0.919	0.043	21.141	***		
OP2	←	组织绩效	0.842	0.963	0.041	23.258	***		
OP1	←	组织绩效	0.842	0.991	0.043	23.269	***		
CSE4	←	职业成功	0.738	0.865	0.040	21.532	***	0.897	0.687
CSE3	←	职业成功	0.835	1.000					
CSE2	←	职业成功	0.750	0.911	0.041	22.045	***		
CSE1	←	职业成功	0.972	1.178	0.037	31.450	***		
DE4	←	动态性环境	0.802	1.000				0.873	0.632
DE3	←	动态性环境	0.762	0.886	0.044	19.921	***		
DE2	←	动态性环境	0.868	1.065	0.047	22.830	***		
DE1	←	动态性环境	0.743	0.856	0.044	19.315	***		
HE3	←	敌对性环境	0.849	1.000				0.903	0.700
HE2	←	敌对性环境	0.822	0.917	0.037	24.652	***		
HE1	←	敌对性环境	0.895	1.027	0.037	27.808	***		
HE4	←	敌对性环境	0.776	0.894	0.040	22.604	***		

表 5-11　Model Fit Summary

Fit	χ^2	df	χ^2/df	RMSEA	PGFI	IFI	TLI	CFI
Model	360.061	98	7.458	0.066	0.669	0.959	0.950	0.959
Critia			<5	<0.08	>0.5	>0.9	>0.9	>0.9

5.3.2.4　相关分析

相关分析是根据变量间的相关系数来检验其相关性，Pearson 系数是社会科学研究中常用的相关系数。如果相关系数通过显著性检验，那么表明变量之间在统计上存在正相关或者负相关关系；反之，如果相关系数未通过显著性检验，那么表明变量之间在统计上不存在相关关系。相关系数：<0.4，弱相关；0.4~0.7，中等强度相关；>0.7，高相关。>0，正相关；<0，负相关。本研究各维度的相关系数如表 5-12 所示，对角线上的数值表示该变量的 AVE 开方值，由表 5-12 可知，各变量的 AVE 开方值大于其与其他变量的相关性系数，表明该变量的区分效度良好，故认为各维度的区分效度良好。以 SEF 与 CSE 之间进行相关性分析，Pearson 相关系数=0.435，P≤0.05，差异具有统计学意义，认为两者为中等强度的正相关关系。以 SC 与 OP 之间进行相关性分析，Pearson 相关系数=0.369，P≤0.05，差异具有统计学意义，认为两者为较弱的正相关关系。以 HE 与 OP 之间进行相关性分析，Pearson 相关系数=-0.070，P>0.05，差异无统计学意义，认为两者无相关关系。同理，由表 5-13 可知，各问卷具有较好的区分效度。

表 5-12　各维度之间的相关性

项目	EA	SEF	PE	SC	OI	OE	OD	OP	CSE	DE	HE
EA	0.716										
SEF	0.475**	0.733									
PE	0.424**	0.417**	0.746								
SC	0.422**	0.443**	0.384**	0.777							
OI	0.304**	0.335**	0.258**	0.320**	0.725						
OE	0.322**	0.277**	0.327**	0.313**	0.453**	0.789					
OD	0.347**	0.347**	0.396**	0.408**	0.480**	0.486**	0.771				
OP	0.416**	0.486**	0.409**	0.439**	0.394**	0.421**	0.476**	0.819			
CSE	0.449**	0.428**	0.442**	0.409**	0.437**	0.375**	0.430**	0.543**	0.829		
DE	0.214**	0.190**	0.152**	0.101*	0.170**	0.125**	0.114**	0.178**	0.165**	0.795	
HE	0.048	0.005	0.052	-0.013	0.102*	0.026	-0.014	-0.070	0.014	0.359**	0.837

注：** 表示 0.01 的显著水平，* 表示 0.05 的显著水平；对角线上的数值表示该变量的 AVE 开方值。

表 5-13　各问卷（变量）之间的相关性

项目	SCE	EO	VSC	EE
SCE	1			
EO	0.541**	1		
VSC	0.655**	0.595**	1	
EE	0.197**	0.180**	0.190**	1

注：** 表示 0.01 的显著水平，* 表示 0.05 的显著水平；对角线上的数值表示该变量的 AVE 开方值。

5.4 假设检验

5.4.1 创业者社会特质对创业成功的作用检验

以性别、年龄、学历、职业、动机、规模为控制变量，创业者社会特质为自变量，创业成功为因变量，以 ENTER 法纳入自变量，探讨创业者社会特质对创业成功的影响，结果如表 5-14 所示。VIF 是衡量多元线性回归模型共线性程度的指标，一般小于 5 表示各变量间不存在多重共线性。对于 SCE（社会特质）而言，P<0.001，差异具有统计学意义，认为创业者社会特质对创业成功有正向影响，H1 假设得到验证。可对 SCE 的各维度做进一步分析。

表 5-14　创业者社会特质对创业成功的影响

Variable	B	SE	BSCEa	t	P	Tolerance	VIF
（Constant）	−0.063	0.204		−0.311	0.756		
性别	0.114	0.054	0.065	2.127	0.034	0.970	1.031
年龄	−0.030	0.024	−0.039	−1.261	0.208	0.942	1.061
学历	0.012	0.026	0.014	0.465	0.642	0.980	1.021
职业	0.018	0.020	0.029	0.932	0.352	0.924	1.082
动机	−0.029	0.018	−0.049	−1.600	0.110	0.958	1.044
规模	0.051	0.028	0.057	1.811	0.071	0.936	1.068
SCE	0.898	0.043	0.650	21.064	0.000	0.962	1.040

以性别、年龄、学历、职业、动机、规模为控制变量，EA、SEF、PE、SC 为自变量，创业成功为因变量，以 ENTER 法纳入自变量，探讨创业者社会特质各维度对创业成功的影响，结果如表 5-15 所示。VIF 均小于 5，表示各变量间不存在多重共线性。对于 EA（创业警觉）而言，P<0.001，差异具有统计学意义，认为创业警觉对创业成功有正向影响。同理可得，SEF（创业自我效能感）、PE（先前经验）、SC（社会资本）对创业成功均有正向影响，H1a、H1b、H1c 以及 H1d 假设得到验证。

表 5-15　创业者社会特质各维度对创业成功的影响

Variable	B	SE	Beta	t	P	Tolerance	VIF
（Constant）	-0.084	0.207		-0.406	0.685		
性别	0.119	0.054	0.068	2.189	0.029	0.961	1.040
年龄	-0.032	0.024	-0.041	-1.320	0.187	0.934	1.071
学历	0.012	0.026	0.014	0.458	0.647	0.969	1.032
职业	0.018	0.020	0.030	0.936	0.350	0.921	1.085
动机	-0.031	0.018	-0.054	-1.729	0.084	0.945	1.059
规模	0.051	0.028	0.056	1.795	0.073	0.933	1.071
EA	0.240	0.044	0.199	5.411	0.000	0.677	1.477
SEF	0.253	0.039	0.244	6.542	0.000	0.658	1.520
PE	0.222	0.035	0.225	6.302	0.000	0.719	1.392
SC	0.187	0.035	0.192	5.314	0.000	0.705	1.418

5.4.2　中介效应检验

5.4.2.1　创业者社会特质对创业机会的作用检验

以性别、年龄、学历、职业、动机、规模为控制变量，创业者社会特质为自变量，创业机会为因变量，以 ENTER 法纳入自变量，探讨创业者社会特质对创业机会的影响，统计结果如表 5-16 所示。VIF 均小于 5，表示各变量间不存在多重共线性。对于 SCE（创业者社会特质）而言，$P<0.001$，差异具有统计学意义，认为 SCE 对创业机会有正向影响，H2 假设得到实证结果的支持。

表 5-16　创业者社会特质对创业机会的影响

Variable	B	SE	Beta	t	P	Tolerance	VIF
（Constant）	1.089	0.189		5.769	0.000		
性别	0.115	0.050	0.079	2.302	0.022	0.970	1.031
年龄	-0.033	0.022	-0.051	-1.477	0.140	0.942	1.061
学历	-0.011	0.024	-0.016	-0.467	0.641	0.980	1.021
职业	0.009	0.018	0.018	0.499	0.618	0.924	1.082
动机	-0.014	0.017	-0.028	-0.814	0.416	0.958	1.044
规模	0.019	0.026	0.025	0.730	0.466	0.936	1.068
SCE	0.626	0.039	0.545	15.852	0.000	0.962	1.040

进一步分析 SCE 各维度对创业机会的影响。以性别、年龄、学历、职业、动机、规模为控制变量，EA、SEF、PE、SC 为自变量，创业机会为因变量，以 ENTER 法纳入自变量，探讨创业者社会特质各维度对创业机会的影响，结果如表 5-17 所示。VIF 均小于 5，表示各变量间不存在多重共线性。对于 EA（创业警觉）而言，P<0.001，差异具有统计学意义，认为 EA 对创业机会有正向影响。同理可得，SEF（自我效能感）、PE（先前经验）、SC（社会资本）对创业机会均有正向影响，H2a、H2b、H2c、H2d 假设得到实证结果的支持。

表 5-17　创业者社会特质各维度对创业机会的影响

Variable	B	SE	Beta	t	P	Tolerance	VIF
（Constant）	1.088	0.192		5.658	0.000		
性别	0.112	0.050	0.077	2.237	0.026	0.961	1.040
年龄	−0.033	0.022	−0.051	−1.462	0.144	0.934	1.071
学历	−0.010	0.024	−0.015	−0.428	0.669	0.969	1.032
职业	0.009	0.018	0.018	0.518	0.605	0.921	1.085
动机	−0.012	0.017	−0.025	−0.715	0.475	0.945	1.059
规模	0.020	0.026	0.026	0.754	0.451	0.933	1.071
EA	0.162	0.041	0.162	3.940	0.000	0.677	1.477
SEF	0.123	0.036	0.143	3.432	0.001	0.658	1.520
PE	0.165	0.033	0.202	5.063	0.000	0.719	1.392
SC	0.175	0.033	0.216	5.365	0.000	0.705	1.418

5.4.2.2　创业机会对创业成功的作用检验

以性别、年龄、学历、职业、动机、规模为控制变量，创业机会为自变量，创业成功为因变量，以 ENTER 法纳入自变量，探讨创业机会对创业成功的影响，统计结果如表 5-18 所示。VIF 均小于 5，表示各变量间不存在多重共线性。对于 EO（创业机会）而言，P<0.001，差异具有统计学意义，认为 EO 对创业成功有正向影响，H3 假设得到验证。进一步分析 EO 各维度对创业成功的影响。

表 5-18　创业机会对创业成功的影响

Variable	B	SE	Beta	t	P	Tolerance	VIF
（Constant）	0.701	0.199		3.528	0.000		
性别	-0.020	0.057	-0.011	-0.349	0.727	0.977	1.023
年龄	-0.012	0.026	-0.015	-0.463	0.644	0.939	1.065
学历	0.033	0.027	0.040	1.221	0.223	0.982	1.018
职业	0.021	0.021	0.034	1.014	0.311	0.924	1.082
动机	-0.019	0.019	-0.033	-0.995	0.320	0.958	1.044
规模	0.087	0.030	0.096	2.921	0.004	0.949	1.053
EO	0.701	0.039	0.583	17.966	0.000	0.982	1.018

以性别、年龄、学历、职业、动机、规模为控制变量，OI、OE、OD 为自变量，创业成功为因变量，以 ENTER 法纳入自变量，探讨创业机会各维度对创业成功的影响，结果如表 5-19 所示。VIF 均小于 5，表示各变量间不存在多重共线性。对于 OI（机会识别）而言，$P<0.001$，差异具有统计学意义，认为 OI 对创业成功有正向影响。同理可得，OE（机会开发）、OD（机会发展）对创业成功均有正向影响。H3a、H3b、H3c 得到实证结果的支持。

表 5-19　创业机会各维度对创业成功的影响

Variable	B	SE	Beta	t	P	Tolerance	VIF
（Constant）	0.672	0.199		3.375	0.001		
性别	-0.028	0.057	-0.016	-0.498	0.619	0.972	1.028
年龄	-0.011	0.026	-0.015	-0.443	0.658	0.937	1.068
学历	0.038	0.027	0.045	1.382	0.167	0.977	1.024
职业	0.020	0.021	0.032	0.947	0.344	0.923	1.083
动机	-0.020	0.019	-0.034	-1.040	0.299	0.957	1.045
规模	0.087	0.030	0.096	2.920	0.004	0.943	1.061
OI	0.248	0.039	0.243	6.329	0.000	0.701	1.426
OE	0.166	0.035	0.183	4.739	0.000	0.692	1.446
OD	0.296	0.039	0.299	7.623	0.000	0.667	1.499

5.4.2.3 中介模型与作用检验

1. 创业机会在社会特质和创业成功之间的中介作用检验

基于研究假设,探讨创业机会在创业者社会特质和创业成功之间的中介作用,通过 AMOS24.0 构建潜变量的中介模型如图 5-4 所示,社会特质潜变量的测量指标为创业警觉（EA）、自我效能感（SEF）、先前经验（PE）、社会资本（SC）；创业机会潜变量的测量指标为机会识别（OI）、机会开发（OE）、机会发展（OD）；创业成功潜变量的测量指标为企业组织绩效（OP）、创业者职业成功（CSE）（见表 5-20）。并通过 Bootstrap 法迭代 5000 次估计总效应、直接效应和间接效应（见表 5-21）。

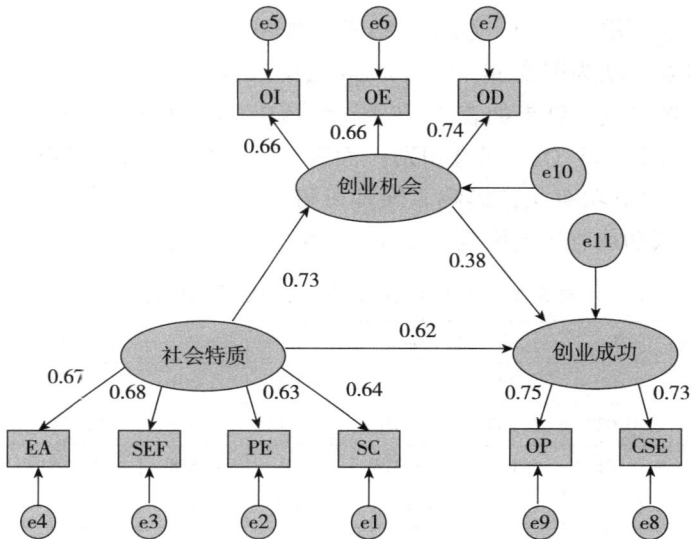

图 5-4 创业机会在社会特质和创业成功之间的中介作用模型

表 5-20 创业机会在社会特质和创业成功之间的中介作用

	Road		Standard	Unstandard	S. E.	C. R.	P
创业机会	←	社会特质	0.733	0.724	0.068	10.689	***
创业成功	←	创业机会	0.376	0.482	0.101	4.780	***
创业成功	←	社会特质	0.624	0.788	0.107	7.401	***
SC	←	社会特质	0.642	1.000			
PE	←	社会特质	0.628	0.969	0.077	12.661	***
SEF	←	社会特质	0.684	1.004	0.074	13.512	***

	Road			Standard	Unstandard	S. E.	C. R.	P
EA	←		社会特质	0.665	0.840	0.063	13.233	***
OI	←		创业机会	0.662	1.000			
OE	←		创业机会	0.660	1.123	0.086	13.025	***
OD	←		创业机会	0.740	1.152	0.082	13.990	***
CSE	←		创业成功	0.727	1.000			
OP	←		创业成功	0.748	1.018	0.062	16.356	***

由表 5-20 可知，第一，对于创业机会、社会特质、创业成功等测量模型而言，标准化路径系数均大于 0.5，表明测量结构佳；第二，对于结构模型而言，结果解释参照回归分析，社会特质正向影响创业机会（P<0.001），社会特质正向影响创业成功（P<0.001），创业机会正向影响创业成功（P<0.001）；第三，从效应估计而言，经 Bootstrap 法迭代 5000 次，创业机会总效应、直接效应、间接效应（中介效应）分别为 1.137、0.788、0.349，中介占比为 30.7%；第四，模型的拟合度指标接近或达到标准（见表 5-22），表明模型能得到数据支撑。因此，表明创业机会在社会特质和创业成功之间发挥部分中介作用，H4 假设得到实证结果的支持。

表 5-21　创业机会效应量估计

Effect	Estimate	SE	P	LCI	UCI
总效应	1.137	0.086	0.001	0.980	1.312
直接效应	0.788	0.135	0.001	0.51	1.05
间接效应	0.349	0.101	0.001	0.177	0.576

表 5-22　Model Fit Summary

Fit	χ^2	df	χ^2/df	RMSEA	PGFI	IFI	TLI	CFI
Model	41.085	24	5.805	1.712	0.526	0.991	0.986	0.990
Critia			<5	<0.08	>0.5	>0.9	>0.9	>0.9

2. 机会识别在社会特质和创业成功之间的中介作用

基于研究假设，探讨机会识别在社会特质和创业成功之间的中介作用，通过 AMOS24.0 构建潜变量的中介模型如图 5-5 所示。社会特质潜变量的测量指标为创业警觉（EA）、自我效能感（SEF）、先前经验（PE）、社会资本（SC）；机会识别潜变量的测量指标为 OI1~OI7；创业成功潜变量的测量指标为企业组织绩效（OP）、创业者职业成功（CSE），统计结果如表 5-23 所示。并通过 Bootstrap 法迭代 5000 次估计总效应、直接效应和间接效应，结果见表 5-24。

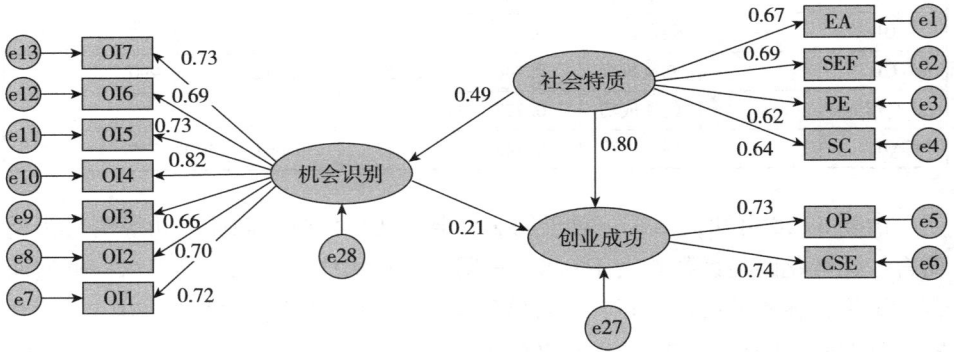

图 5-5　机会识别在社会特质和创业成功之间的中介作用模型

表 5-23　机会识别在社会特质和创业成功之间的中介

	Road		Standard	Unstandard	S. E.	C. R.	P
机会识别	←	社会特质	0.490	0.851	0.095	8.968	***
创业成功	←	机会识别	0.208	0.179	0.041	4.330	***
创业成功	←	社会特质	0.797	1.193	0.103	11.600	***
EA	←	社会特质	0.668	1.000			
SEF	←	社会特质	0.694	1.206	0.086	13.964	***
PE	←	社会特质	0.621	1.136	0.089	12.805	***
SC	←	社会特质	0.636	1.174	0.090	13.065	***
OP	←	创业成功	0.733	1.000			
CSE	←	创业成功	0.741	1.021	0.064	15.864	***
OI2	←	机会识别	0.704	0.927	0.056	16.539	***
OI3	←	机会识别	0.656	0.876	0.057	15.426	***
OI4	←	机会识别	0.824	1.078	0.056	19.235	***
OI5	←	机会识别	0.731	0.932	0.054	17.145	***
OI6	←	机会识别	0.693	0.897	0.055	16.276	***
OI7	←	机会识别	0.734	0.981	0.057	17.231	***
OI1	←	机会识别	0.717	1.000			

　　第一，对于机会识别、社会特质、创业成功等测量模型而言，标准化路径系数均大于 0.5，表明测量结构佳。第二，对于结构模型而言，结果解释参照回归分析，社会特质正向影响机会识别（P<0.001），社会特质正向影响创

业成功（P<0.001），机会识别正向影响创业成功（P<0.001）。第三，从效应估计而言，经 Bootstrap 法迭代 5000 次，其总效应、直接效应、间接效应（中介效应）分别为 1.345、1.193、0.153，中介占比为 11.4%（见表 5-24）。第四，模型的拟合度指标均接近标准（见表 5-25），表明模型尚能得到数据支撑。因此，表明机会识别在社会特质和创业成功之间发挥部分中介作用，H4e 假设得到实证结果的支持。

表 5-24　效应量估计

Effect	Estimate	SE	P	LCI	UCI
总效应	1.345	0.126	0.001	1.125	1.610
直接效应	1.193	0.137	0.001	0.955	1.483
间接效应	0.153	0.046	0.002	0.07	0.251

表 5-25　Model Fit Summary

Fit	χ^2	df	χ^2/df	RMSEA	PGFI	IFI	TLI	CFI
Model	359.891	62	5.805	0.088	0.618	0.914	0.891	0.914
Critia			<5	<0.08	>0.5	>0.9	>0.9	>0.9

3. 机会开发在社会特质和创业成功之间的中介作用

基于研究假设，探讨机会开发在社会特质和创业成功之间的中介作用，通过 AMOS24.0 构建潜变量的中介模型如图 5-6 所示。社会特质潜变量的测量指标为创业警觉（EA）、自我效能感（SEF）、先前经验（PE）、社会资本（SC）；机会开发潜变量的测量指标为 OE1~OE6；创业成功潜变量的测量指标为企业组织绩效（OP）、创业者职业成功（CSE）（见表 5-26）。并通过 Bootstrap 法迭代 5000 次估计总效应、直接效应和间接效应，结果见表 5-27。

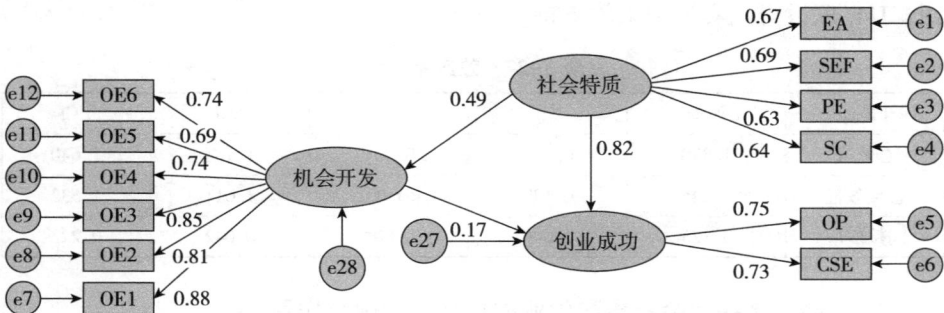

图 5-6　机会开发在社会特质和创业成功之间的中介作用模型

表 5-26　机会开发在社会特质和创业成功之间的中介

	Road		Standard	Unstandard	S. E.	C. R.	P
机会开发	←	社会特质	0.492	1.027	0.107	9.587	***
创业成功	←	机会开发	0.166	0.121	0.034	3.530	***
创业成功	←	社会特质	0.817	1.245	0.105	11.817	***
EA	←	社会特质	0.669	1.000			
SEF	←	社会特质	0.685	1.190	0.086	13.885	***
PE	←	社会特质	0.628	1.147	0.088	12.963	***
SC	←	社会特质	0.636	1.172	0.089	13.101	***
OP	←	创业成功	0.748	1.000			
CSE	←	创业成功	0.726	0.981	0.063	15.691	***
OE2	←	机会开发	0.815	0.937	0.036	25.922	***
OE3	←	机会开发	0.850	1.031	0.037	27.887	***
OE4	←	机会开发	0.744	0.809	0.036	22.327	***
OE5	←	机会开发	0.689	0.781	0.039	19.862	***
OE6	←	机会开发	0.744	0.853	0.038	22.312	***
OE1	←	机会开发	0.880	1.000			

由表 5-26 可知，第一，对于机会开发、社会特质、创业成功等测量模型而言，标准化路径系数均大于 0.5，表明测量结构佳；第二，对于结构模型而言，结果解释参照回归分析，社会特质正向影响机会开发（P<0.001），社会特质正向影响创业成功（P<0.001），机会开发正向影响创业成功（P<0.001）；第三，从效应估计而言，经 Bootstrap 法迭代 5000 次，其总效应、直接效应、间接效应（中介效应）分别为 1.370、1.245、0.125（见表 5-27），中介占比为 9.1%，表明机会开发在社会特质和创业成功之间发挥部分中介作用，H4f 假设得到实证结果的支持。

表 5-27　效应量估计

Effect	Estimate	SE	P	LCI	UCI
总效应	1.370	0.127	0.001	1.148	1.640
直接效应	1.245	0.137	<0.001	1.011	1.532
间接效应	0.125	0.046	0.004	0.042	0.222

4. 机会发展在社会特质和创业成功之间的中介作用

基于研究假设，探讨机会发展在社会特质和创业成功之间的中介作用，通过 AMOS24.0 构建潜变量的中介模型如图 5-7 所示。社会特质潜变量的测量指标为创业警觉（EA）、自我效能感（SEF）、先前经验（PE）、社会资本（SC）；机会发展潜变量的测量指标为 OD1~OD6；创业成功潜变量的测量指标为企业组织绩效（OP）、创业者职业成功（CSE）（见表 5-28）。并通过 Bootstrap 法迭代 5000 次估计总效应、直接效应和间接效应，结果见表 5-29。

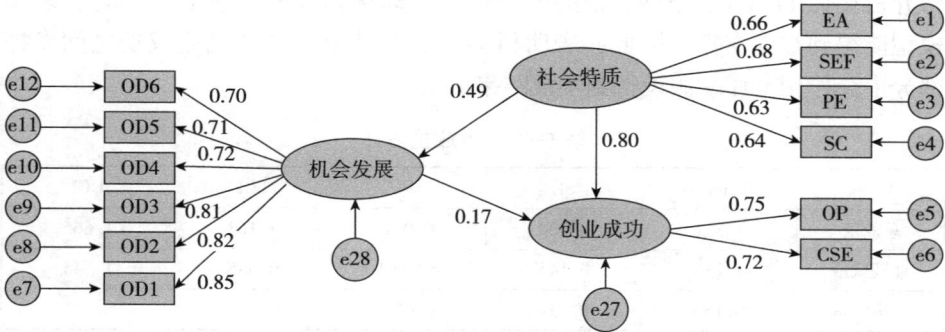

图 5-7 机会发展在社会特质和创业成功之间的中介作用模型

表 5-28 机会发展在社会特质和创业成功之间的中介

	Road		Standard	Unstandard	S. E.	C. R.	P
机会发展	←	社会特质	0.592	1.102	0.100	11.039	***
创业成功	←	机会发展	0.170	0.141	0.044	3.181	0.001
创业成功	←	社会特质	0.799	1.235	0.114	10.857	***
EA	←	社会特质	0.662	1.000			
SEF	←	社会特质	0.683	1.199	0.087	13.798	***
PE	←	社会特质	0.631	1.166	0.090	12.971	***
SC	←	社会特质	0.644	1.199	0.091	13.179	***
OP	←	创业成功	0.750	1.000			
CSE	←	创业成功	0.724	0.976	0.062	15.791	***
OD2	←	机会发展	0.819	1.024	0.042	24.589	***
OD3	←	机会发展	0.810	1.023	0.042	24.181	***
OD4	←	机会发展	0.718	0.854	0.042	20.259	***
OD5	←	机会发展	0.708	0.859	0.043	19.869	***
OD6	←	机会发展	0.703	0.859	0.044	19.684	***
OD1	←	机会发展	0.853	1.000			

由表 5-28 可知，第一，对于机会发展、社会特质、创业成功等测量模型

而言，标准化路径系数均大于0.5，表明测量结构佳。第二，对于结构模型而言，结果解释参照回归分析，社会特质正向影响机会发展（P<0.001），社会特质正向影响创业成功（P<0.001），机会发展正向影响创业成功（P<0.001）。第三，从效应估计而言，经Bootstrap法迭代5000次，其总效应、直接效应、间接效应（中介效应）分别为1.391、1.235、0.155（见表5-29），中介占比为11.1%。第四，模型的拟合度指标达到标准（见表5-30），表明模型能得到数据支撑。因此，表明机会发展在社会特质和创业成功之间发挥部分中介作用，H4g假设得到实证结果的支持。

表5-29　效应量估计

Effect	Estimate	SE	P	LCI	UCI
总效应	1.391	0.129	0.001	1.163	1.665
直接效应	1.235	0.145	<0.001	0.985	1.545
间接效应	0.155	0.059	0.006	0.048	0.281

表5-30　**Model Fit Summary**

Fit	χ^2	df	χ^2/df	RMSEA	PGFI	IFI	TLI	CFI
Model	216.706	51	4.249	0.072	0.616	0.952	0.938	0.952
Critia			<5	<0.08	>0.5	>0.9	>0.9	>0.9

5. 创业机会在社会特质各维度和创业成功之间中介作用的检验

基于研究假设，探讨创业机会在社会特质和创业成功之间的中介作用，通过AMOS24.0构建潜变量的中介模型如图5-8所示。创业警觉潜变量的测量指标为EA1~EA6，自我效能感潜变量的测量指标为SEF1~SEF6、先前经验潜变量的测量指标为PE1~PE7、社会资本潜变量的测量指标为SC1~SC6；创业机会潜变量的测量指标为OI、OE、OD；创业成功潜变量的测量指标为企业组织绩效（OP）、创业者职业成功（CSE）（见表5-31）。通过Bootstrap法迭代5000次估计总效应、直接效应和间接效应。

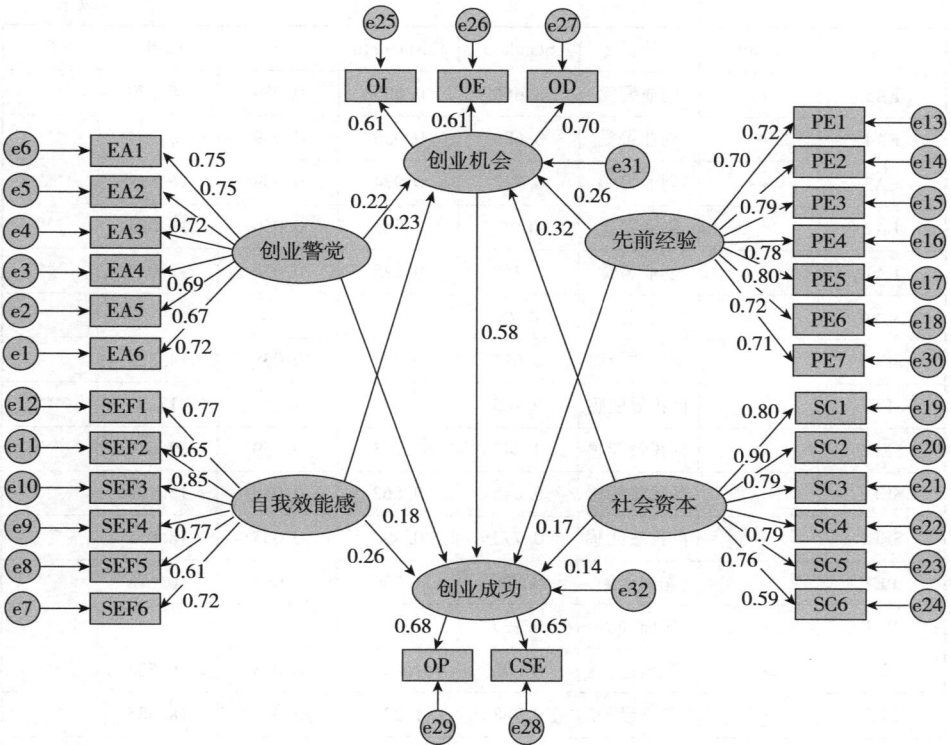

图 5-8 创业机会在社会特质各维度和创业成功之间的中介作用模型

表 5-31 创业机会在社会特质各维度和创业成功之间的中介作用

名称	Road	项目	Standard	Unstandard	S. E.	C. R.	P
创业机会	←	创业警觉	0.218	0.152	0.035	4.35	***
创业机会	←	自我效能感	0.233	0.145	0.031	4.668	***
创业机会	←	先前经验	0.264	0.171	0.032	5.252	***
创业机会	←	社会资本	0.319	0.187	0.03	6.278	***
创业成功	←	创业警觉	0.178	0.148	0.041	3.635	***
创业成功	←	创业机会	0.584	0.694	0.094	7.393	***
创业成功	←	自我效能感	0.263	0.195	0.037	5.252	***
创业成功	←	先前经验	0.17	0.13	0.038	3.456	***
创业成功	←	社会资本	0.142	0.099	0.035	2.838	0.005
EA6	←	创业警觉	0.72	1			

名称	Road	项目	Standard	Unstandard	S. E.	C. R.	P
EA5	←	创业警觉	0.666	0.895	0.059	15.279	***
EA4	←	创业警觉	0.688	0.936	0.059	15.754	***
EA3	←	创业警觉	0.723	0.974	0.059	16.518	***
EA2	←	创业警觉	0.75	0.953	0.056	17.087	***
EA1	←	创业警觉	0.747	0.925	0.054	17.036	***
SEF6	←	自我效能感	0.72	1			
SEF5	←	自我效能感	0.611	0.825	0.058	14.327	***
SEF4	←	自我效能感	0.765	1.075	0.06	17.9	***
SEF3	←	自我效能感	0.847	1.165	0.059	19.641	***
SEF2	←	自我效能感	0.645	0.862	0.057	15.135	***
SEF1	←	自我效能感	0.772	0.999	0.055	18.055	***
PE7	←	先前经验	0.706	1.056	0.063	16.678	***
PE1	←	先前经验	0.717	1			
PE2	←	先前经验	0.702	1.043	0.063	16.588	***
PE3	←	先前经验	0.788	1.232	0.066	18.585	***
PE4	←	先前经验	0.779	1.116	0.061	18.374	***
PE5	←	先前经验	0.804	1.216	0.064	18.942	***
PE6	←	先前经验	0.717	1.003	0.059	16.944	***
SC1	←	社会资本	0.8	1			
SC2	←	社会资本	0.897	1.167	0.046	25.548	***
SC3	←	社会资本	0.793	1.059	0.049	21.791	***
SC4	←	社会资本	0.791	1.039	0.048	21.723	***
SC5	←	社会资本	0.756	1.015	0.05	20.496	***
SC6	←	社会资本	0.595	0.753	0.049	15.306	***
OI	←	创业机会	0.61	1			
OE	←	创业机会	0.609	1.126	0.105	10.72	***
OD	←	创业机会	0.699	1.165	0.102	11.394	***
CSE	←	创业成功	0.65	1			
OP	←	创业成功	0.678	1.025	0.086	11.982	***

　　由表 5–31 可知，第一，对于创业警觉、自我效能感、先前经验、社会资本、创业机会、创业成功等测量模型而言，标准化路径系数均大于 0.5，表明测量结构佳。第二，对于结构模型而言，创业警觉、自我效能感、先前经验、社会资本对创业机会有正向影响（P<0.05），创业机会、创业警觉、先前经验、自我效能感、社会资本对创业成功有正向影响（P<0.05）。第三，对于效应估计而言，经 Bootstrap 法迭代 5000 次，其总效应、直接效应、间接效应（中介效应）进行估计，结果如表 5–32 所示。第四，模型的拟合度指标达到标准（见表 5–33），表明模型能得到数据支撑。因此，创业机会在创业警觉与创业成功之间起部分中介作用，创业机会在自我效能感与创业成功之间起部分中介作用，创业机会在先前经验与创业成功之间起中介作用，创业机会在社会资本与创业成功之间起部分中介作用，H4a、H4b、H4c、H4d 假设得到实证结果的支持。

表 5–32　效应量估计

自变量	Effect	Estimate	SE	P	LCI	UCI
社会资本	总效应	0.229	0.043	0.000	0.147	0.319
	直接效应	0.099	0.047	0.037	0.006	0.188
	间接效应	0.130	0.034	0.000	0.075	0.211
先前经验	总效应	0.249	0.054	0.000	0.149	0.361
	直接效应	0.130	0.052	0.000	0.034	0.237
	间接效应	0.118	0.036	0.000	0.057	0.197
自我效能感	总效应	0.296	0.055	0.001	0.189	0.404
	直接效应	0.195	0.055	0.001	0.085	0.305
	间接效应	0.101	0.034	0.000	0.044	0.179
创业警觉	总效应	0.253	0.062	0.000	0.139	0.382
	直接效应	0.148	0.058	0.011	0.034	0.263
	间接效应	0.105	0.037	0.001	0.045	0.193

表 5–33　Model Fit Summary

Fit	χ^2	df	χ^2/df	RMSEA	PGFI	IFI	TLI	CFI
Model	1741.855	396	4.399	0.074	0.707	0.864	0.850	0.864
Critia			<5	<0.08	>0.5	>0.9	>0.9	>0.9

5.4.3 调节效应检验

5.4.3.1 环境动态性的调节效应检验

1. 动态性在机会识别和创业成功之间的调节作用

为探讨环境动态性在机会识别和创业成功之间的调节作用，以性别、年龄、学历、职业、动机、规模作为控制变量，通过 PROCESS3.5 进行分析，结果如表 5-34 所示。

表 5-34　动态性在机会识别和创业成功之间的调节作用

Variable	Coeff	SE	t	P	LLCI	ULCI
Constant	2.955	0.169	17.443	0.000	2.622	3.288
性别	0.005	0.062	0.076	0.939	−0.117	0.126
年龄	−0.016	0.027	−0.567	0.571	−0.069	0.038
学历	0.030	0.031	0.970	0.333	−0.031	0.091
职业	0.017	0.024	0.733	0.464	−0.029	0.064
动机	−0.024	0.020	−1.203	0.230	−0.062	0.015
规模	0.127	0.032	3.932	0.000	0.064	0.191
DE	0.116	0.038	3.079	0.002	0.042	0.189
OI	0.465	0.042	11.080	0.000	0.382	0.547
DE×OI	0.126	0.048	2.635	0.009	0.032	0.221

对于 DE（环境动态性）的主效应而言，P=0.002<0.05，差异具有统计学意义，认为 DE 对创业成功有正向影响；对于 OI（机会识别）而言，机会识别对创业成功有正向影响（P<0.001）；对于环境动态性的调节效应，P=0.009<0.05，差异具有统计学意义，Coeff=0.126，认为动态性在机会识别和创业成功之间发挥正向调节作用，假设 H5a 得到验证。

2. 动态性在机会开发和创业成功之间的调节作用

同理，探讨动态性在机会开发和创业成功之间的调节作用，结果如表 5-35 所示。对于 DE（环境动态性）的主效应而言，P<0.001，差异具有统计学意义，认为 DE 对创业成功有正向影响；对于 OE（机会开发）而言，机会开发对创业成功有正向影响（P<0.001）；对于动态性环境的调节效应，P=0.020<0.05，差异具有统计学意义，Coeff=0.101，认为动态性在机会开发和创业成功之间发挥正向调节作用，假设 H5c 得到验证。

表 5-35　动态性在机会开发和创业成功之间的调节作用

Variable	Coeff	SE	t	P	LLCI	ULCI
Constant	3.036	0.178	17.088	0.000	2.687	3.384
性别	0.021	0.063	0.340	0.734	−0.103	0.145
年龄	−0.029	0.027	−1.093	0.275	−0.081	0.023
学历	0.004	0.033	0.136	0.892	−0.060	0.068
职业	0.024	0.025	0.964	0.336	−0.025	0.072
动机	−0.018	0.023	−0.767	0.443	−0.063	0.028
规模	0.113	0.034	3.319	0.001	0.046	0.180
DE	0.141	0.037	3.776	0.000	0.068	0.214
OE	0.389	0.039	9.959	0.000	0.312	0.465
DE×OE	0.101	0.044	2.330	0.020	0.016	0.187

3. 动态性在渐进式创新机会开发和创业成功之间的调节作用

同理，探讨环境动态性在渐进式创新机会开发和创业成功之间的调节作用，结果如表 5-36 所示。对于 DE（动态性环境）的主效应而言，P≤0.001，差异具有统计学意义，认为 DE 对创业成功有正向影响；对于 OEA（渐进式创新机会开发）而言，渐进式创新机会开发对创业成功有正向影响（P＜0.001）；对于动态性环境的调节效应，P=0.180＞0.05，差异无统计学意义，认为动态性在渐进式开发和创业成功之间调节作用不显著，假设 H5d 没有得到验证。

表 5-36　动态性在渐进式创新机会开发和创业成功之间的调节作用

Variable	Coeff	SE	t	P	LLCI	ULCI
Constant	3.021	0.179	16.884	0.000	2.670	3.372
性别	0.034	0.064	0.524	0.600	−0.092	0.159
年龄	−0.034	0.027	−1.236	0.217	−0.087	0.020
学历	0.019	0.033	0.586	0.558	−0.045	0.083
职业	0.020	0.026	0.795	0.427	−0.030	0.070
动机	−0.033	0.022	−1.501	0.134	−0.076	0.010
规模	0.123	0.034	3.614	0.000	0.056	0.191
DE	0.137	0.038	3.628	0.000	0.063	0.211

续表

Variable	Coeff	SE	t	P	LLCI	ULCI
OEA	0.335	0.033	10.002	0.000	0.269	0.400
DE×OEA	0.051	0.038	1.342	0.180	−0.024	0.126

4. 动态性在突破式创新机会开发和创业成功之间的调节作用

对于 DE（环境动态性）的主效应而言，P<0.001，差异具有统计学意义，认为 DE 对创业成功有正向影响；对于 OEB（突破式创新机会开发）而言，突破式创新机会开发对创业成功有正向影响（P<0.001）；对于动态性环境的调节效应，P=0.007<0.05，差异具有统计学意义，Coeff=0.108，认为动态性在突破式创新开发和创业成功之间发挥正向调节作用，假设 H5e 得到验证（见表5-37）。

表5-37　动态性在突破式创新机会开发和创业成功之间的调节作用

Variable	Coeff	SE	t	P	LLCI	ULCI
Constant	3.044	0.184	16.561	0.000	2.683	3.404
性别	0.006	0.065	0.089	0.929	−0.122	0.134
年龄	−0.031	0.027	−1.126	0.261	−0.084	0.023
学历	−0.002	0.033	−0.070	0.944	−0.068	0.063
职业	0.028	0.025	1.131	0.258	−0.021	0.076
动机	−0.008	0.024	−0.326	0.744	−0.056	0.040
规模	0.116	0.035	3.328	0.001	0.047	0.184
DE	0.158	0.038	4.157	0.000	0.083	0.233
OEB	0.303	0.034	8.854	0.000	0.236	0.370
DE×OEB	0.108	0.039	2.733	0.007	0.030	0.185

5. 动态性在机会发展和创业成功之间的调节作用

对于 DE（环境动态性）的主效应而言，P=0.001，差异具有统计学意义，认为 DE 对创业成功有正向影响；对于 OD（机会发展）而言，机会发展对创业成功有正向影响（P<0.001）；对于环境动态性的调节效应，P=0.094>0.05，差异无统计学意义，Coeff=0.076，认为动态性在机会发展和创业成功之间的调节作用不显著，假设 H5i 没有得到数据的验证（见表5-38）。

表 5-38　动态性在机会发展和创业成功之间的调节作用

Variable	Coeff	SE	t	P	LLCI	ULCI
Constant	3.139	0.172	18.265	0.000	2.802	3.477
性别	−0.039	0.062	−0.632	0.528	−0.160	0.082
年龄	−0.029	0.028	−1.025	0.306	−0.083	0.026
学历	0.033	0.030	1.114	0.266	−0.025	0.092
职业	0.008	0.023	0.329	0.743	−0.037	0.052
动机	−0.021	0.020	−1.084	0.279	−0.060	0.017
规模	0.096	0.034	2.866	0.004	0.030	0.162
DE	0.128	0.037	3.468	0.001	0.056	0.201
OD	0.489	0.039	12.533	0.000	0.413	0.566
DE×OD	0.076	0.045	1.678	0.094	−0.013	0.164

5.4.3.2　环境敌对性的调节效应检验

1. 敌对性环境在机会识别和创业成功之间的调节作用

为探讨环境敌对性在机会识别和创业成功之间的调节作用，以性别、年龄、学历、职业、动机、规模作为控制变量，通过 PROCESS3.5 进行分析，结果如表 5-39 所示。

表 5-39　敌对性在机会识别和创业成功之间的调节作用

Variable	Coeff	SE	t	P	LLCI	ULCI
Constant	2.898	0.172	16.842	0.000	2.560	3.236
性别	−0.010	0.062	−0.165	0.869	−0.133	0.112
年龄	−0.009	0.027	−0.335	0.738	−0.062	0.044
学历	0.039	0.030	1.315	0.189	−0.020	0.098
职业	0.031	0.023	1.332	0.183	−0.015	0.076
动机	−0.021	0.020	−1.048	0.295	−0.060	0.018
规模	0.129	0.034	3.820	0.000	0.062	0.195
HE	−0.070	0.034	−2.027	0.043	−0.137	−0.002
OI	0.491	0.041	12.118	0.000	0.411	0.571
HE×OI	0.072	0.042	1.714	0.087	−0.011	0.154

对于 HE（环境敌对性）的主效应而言，P＝0.043<0.05，差异具有统计学意义，Coeff＝-0.070，认为敌对性环境对创业成功有负向影响；对于 OI 而言，机会识别对创业成功有正向影响（P<0.001）；对于敌对性环境的调节效应，P＝0.087>0.05，差异无统计学意义，认为敌对性在机会识别和创业成功之间的调节作用不显著，假设 H5b 不成立。

2. 环境敌对性在机会开发和创业成功之间的调节作用

由表 5-40 可知，对于 HE（环境敌对性）的主效应而言，P＝0.321>0.05，差异无统计学意义，认为 HE 对创业成功无影响；对于 OE 而言，机会开发对创业成功有正向影响（P<0.001）；对于敌对性环境的调节效应，P＝0.046<0.05，差异具有统计学意义，Coeff＝0.069，认为敌对性在机会开发和创业成功之间发挥正向调节作用，假设 H5f 成立。

表 5-40　环境敌对性在机会开发和创业成功之间的调节作用

Variable	Coeff	SE	t	P	LLCI	ULCI
Constant	2.980	0.180	16.524	0.000	2.626	3.334
性别	0.016	0.064	0.245	0.806	-0.109	0.140
年龄	-0.021	0.027	-0.795	0.427	-0.074	0.031
学历	0.016	0.032	0.503	0.615	-0.047	0.080
职业	0.033	0.024	1.358	0.175	-0.015	0.080
动机	-0.015	0.023	-0.658	0.511	-0.061	0.031
规模	0.108	0.035	3.129	0.002	0.040	0.176
HE	-0.035	0.036	-0.994	0.321	-0.105	0.035
OE	0.405	0.039	10.439	0.000	0.328	0.481
HE×OE	0.069	0.035	1.996	0.046	0.001	0.137

3. 环境敌对性在渐进式创新机会开发和创业成功之间的调节作用

对于 HE（环境敌对性）的主效应而言，P＝0.390>0.05，差异不具有统计学意义，认为 HE 对创业成功无影响；对于 OEA（渐进式创新机会开发）而言，渐进式创新机会开发对创业成功有正向影响（P<0.001）；对于敌对性环境的调节效应，P＝0.121>0.05，差异无统计学意义，认为敌对性在渐进式创新机会开发和创业成功之间无调节作用，假设 H5g 不成立（见表 5-41）。

表 5-41　环境敌对性在渐进式创新机会开发和创业成功之间的调节作用

Variable	Coeff	SE	t	P	LLCI	ULCI
Constant	2.949	0.180	16.367	0.000	2.595	3.302
性别	0.030	0.064	0.467	0.641	−0.096	0.156
年龄	−0.028	0.028	−1.022	0.307	−0.083	0.026
学历	0.033	0.032	1.010	0.313	−0.031	0.096
职业	0.031	0.025	1.231	0.219	−0.018	0.080
动机	−0.030	0.022	−1.369	0.172	−0.073	0.013
规模	0.121	0.035	3.498	0.001	0.053	0.190
HE	−0.031	0.036	−0.860	0.390	−0.102	0.040
OEA	0.350	0.033	10.542	0.000	0.285	0.416
HE×OEA	0.048	0.031	1.554	0.121	−0.013	0.108

4. 环境敌对性在突破式创新机会开发和创业成功之间的调节作用

对于 HE（环境敌对性）的主效应而言，$P = 0.299 > 0.05$，差异不具有统计学意义，认为 HE 对创业成功无影响；对于 OEB 而言，突破式创新机会开发对创业成功有正向影响（$P < 0.001$）；对于敌对性环境的调节效应，$P = 0.081 > 0.05$，差异无统计学意义，认为敌对性在突破式创新机会开发和创业成功之间无调节作用，假设 H5h 不成立（见表 5-42）。

表 5-42　环境敌对性在突破式创新机会开发和创业成功之间的调节作用

Variable	Coeff	SE	t	P	LLCI	ULCI
Constant	2.990	0.187	16.010	0.000	2.623	3.356
性别	−0.001	0.066	−0.019	0.985	−0.131	0.128
年龄	−0.022	0.028	−0.792	0.429	−0.076	0.032
学历	0.010	0.033	0.310	0.757	−0.055	0.075
职业	0.036	0.024	1.510	0.132	−0.011	0.083
动机	−0.006	0.024	−0.261	0.794	−0.054	0.042
规模	0.109	0.035	3.071	0.002	0.039	0.178
HE	−0.038	0.037	−1.040	0.299	−0.110	0.034
OEB	0.315	0.035	9.103	0.000	0.247	0.382
HE×OEB	0.058	0.033	1.750	0.081	−0.007	0.123

5. 环境敌对性在机会发展和创业成功之间的调节作用

对于 HE（环境敌对性）的主效应而言，P = 0.490>0.05，差异无统计学意义，认为 HE 对创业成功无影响；对于 OD 而言，机会发展对创业成功有正向影响（P<0.001）；对于敌对性环境的调节效应，P = 0.004<0.05，差异具有统计学意义，认为敌对性在机会发展和创业成功之间具有正向调节作用，假设 H5j 成立（见表 5-43）。

表 5-43　环境敌对性在机会发展和创业成功之间的调节作用

Variable	Coeff	SE	t	P	LLCI	ULCI
Constant	3.063	0.174	17.586	0.000	2.721	3.405
性别	−0.047	0.062	−0.765	0.445	−0.168	0.074
年龄	−0.025	0.028	−0.893	0.372	−0.079	0.030
学历	0.050	0.030	1.689	0.092	−0.008	0.109
职业	0.019	0.022	0.837	0.403	−0.025	0.063
动机	−0.018	0.019	−0.915	0.361	−0.056	0.020
规模	0.097	0.034	2.846	0.005	0.030	0.164
HE	−0.024	0.035	−0.691	0.490	−0.092	0.044
OD	0.501	0.038	13.154	0.000	0.427	0.576
HE×OD	0.104	0.037	2.856	0.004	0.033	0.176

5.4.3.3　环境不确定性调节创业机会与创业成功之间关系的检验

1. 创业环境不确定性在创业机会和创业成功之间的调节作用

为探讨创业环境不确定性在创业机会和创业成功之间的调节作用，以性别、年龄、学历、职业、动机、规模作为控制变量，通过 PROCESS3.5 进行分析。

由表 5-44 可知，对于 EE（创业环境不确定性）的主效应而言，P = 0.004<0.05，差异具有统计学意义，认为创业环境对创业成功有正向影响；对于创业机会而言，创业机会对创业成功有正向影响（P<0.001）；对于 EE（创业环境不确定性）的调节效应，P<0.05，差异具有统计学意义，Coeff = 0.174，认为创业环境不确定性在创业机会和创业成功之间发挥正向调节作用，H5 假设得到验证。

表 5-44 创业环境不确定性正向调节创业机会与创业成功的关系

Variable	Coeff	SE	t	P	LLCI	ULCI
Constant	3.024	0.154	19.672	0.000	2.722	3.326
性别	−0.004	0.056	−0.066	0.947	−0.114	0.107
年龄	−0.010	0.025	−0.405	0.686	−0.060	0.039
学历	0.025	0.027	0.928	0.354	−0.028	0.078
职业	0.012	0.021	0.578	0.564	−0.029	0.053
动机	−0.014	0.019	−0.740	0.460	−0.051	0.023
规模	0.094	0.029	3.212	0.001	0.037	0.151
EE	0.102	0.035	2.918	0.004	0.033	0.171
EO	0.682	0.039	17.437	0.000	0.605	0.759
EE×EO	0.174	0.047	3.738	0.000	0.083	0.266

2. 环境动态性在创业机会和创业成功之间的调节作用

对于 DE（环境动态性）的主效应而言，P=0.002<0.05，差异具有统计学意义，认为创业环境动态性对创业成功有正向影响；对于创业机会而言，创业机会对创业成功有正向影响（P<0.001）；对于创业环境动态性（DE）的调节效应，P=0.003<0.05，差异具有统计学意义，Coeff=0.127，认为创业环境动态性在创业机会和创业成功之间发挥正向调节作用。

表 5-45 环境动态性在创业机会和创业成功之间的调节作用

Variable	Coeff	SE	t	P	LLCI	ULCI
Constant	3.062	0.154	19.834	0.000	2.759	3.366
性别	−0.012	0.056	−0.209	0.835	−0.122	0.099
年龄	−0.014	0.025	−0.551	0.582	−0.064	0.036
学历	0.023	0.027	0.836	0.404	−0.031	0.076
职业	0.013	0.021	0.611	0.541	−0.028	0.054
动机	−0.016	0.019	−0.847	0.397	−0.054	0.021
规模	0.092	0.029	3.136	0.002	0.034	0.149
DE	0.097	0.031	3.127	0.002	0.036	0.157
EO	0.685	0.039	17.498	0.000	0.608	0.762
DE×EO	0.127	0.042	2.990	0.003	0.044	0.210

3. 环境敌对性在创业机会和创业成功之间的调节作用

对于 HE（环境敌对性）的主效应而言，P=0.079>0.05，差异无统计学意义，认为创业环境敌对性对创业成功无影响；对于创业机会而言，创业机会对创业成功有正向影响（P<0.001）；对于 HE（创业环境敌对性）的调节效应，P=0.006<0.05，差异具有统计学意义，Coeff=0.100，认为创业环境敌对性在创业机会和创业成功之间发挥正向调节作用（见表5-46）。

表5-46　环境敌对性在创业机会和创业成功之间的调节作用

Variable	Coeff	SE	t	P	LLCI	ULCI
Constant	3.017	0.155	19.533	0.000	2.714	3.320
性别	−0.022	0.057	−0.390	0.697	−0.133	0.089
年龄	−0.008	0.026	−0.318	0.750	−0.058	0.042
学历	0.032	0.027	1.184	0.237	−0.021	0.085
职业	0.022	0.021	1.066	0.287	−0.019	0.063
动机	−0.013	0.019	−0.701	0.484	−0.051	0.024
规模	0.090	0.030	3.071	0.002	0.033	0.148
HE	−0.050	0.028	−1.762	0.079	−0.105	0.006
EO	0.707	0.039	18.227	0.000	0.631	0.783
HE×EO	0.100	0.036	2.758	0.006	0.029	0.170

5.4.4　有调节的中介效应检验

1. 创业环境不确定性对创业机会在创业者社会特质与创业成功之间中介作用的调节

创业机会在创业者社会特质与创业成功之间发挥中介作用，为探讨环境不确定性对创业机会中介作用的调节，以性别、年龄、学历、职业、动机、规模作为控制变量，通过 PROCESS3.5 中的 Model14 进行分析，并通过 Bootstrap 法迭代 5000 以进一步估计对中介的调节效应（见表5-47）。

表5-47　不确定性对创业机会中介作用的正向调节

Variable	Coeff	SE	t	P	LLCI	ULCI
Constant	0.853	0.246	3.474	0.001	0.371	1.336
性别	0.078	0.051	1.553	0.121	−0.021	0.178

续表

Variable	Coeff	SE	t	P	LLCI	ULCI
年龄	−0.015	0.023	−0.653	0.514	−0.061	0.030
学历	0.012	0.025	0.457	0.648	−0.038	0.061
职业	0.009	0.020	0.449	0.654	−0.030	0.048
动机	−0.018	0.017	−1.069	0.286	−0.051	0.015
规模	0.049	0.027	1.849	0.065	−0.003	0.102
SCE	0.634	0.059	10.792	0.000	0.519	0.750
EO	0.397	0.053	7.518	0.000	0.293	0.501
EE	0.054	0.033	1.612	0.108	−0.012	0.119
EE×EO	0.159	0.044	3.645	0.000	0.073	0.245

由表 5-47 可知，对于 EE（创业环境不确定性）的调节效应，$P<0.001$，差异具有统计学意义，认为创业环境不确定性在创业机会和创业成功之间具有正向调节作用。对于中介的调节作用估计值为 0.100，其 SE（抽样误差）为 0.028，95%置信区间为（0.046，0.155）未跨过 0，表明对中介的调节作用存在，即创业环境不确定性正向调节创业机会对社会特质与创业成功的中介作用。假设 H6 成立。

2. 环境动态性正向调节创业机会与创业者特质和创业成功之间中介作用

为环境动态性正向调节创业机会与创业者特质和创业成功之间中介的作用，以性别、年龄、学历、职业、动机、规模作为控制变量，通过 PROCESS3.5 中的 Model14 进行分析，并通过 Bootstrap 法迭代 5000 以进一步估计对中介的调节效应（见表 5-48）。

表 5-48　环境动态性正向调节创业机会与创业者特质和创业成功之间的中介作用

Variable	Coeff	SE	t	P	LLCI	ULCI
Constant	0.840	0.245	3.424	0.001	0.358	1.321
性别	0.075	0.051	1.488	0.137	−0.024	0.174
年龄	−0.017	0.023	−0.748	0.455	−0.063	0.028
学历	0.012	0.025	0.456	0.649	−0.038	0.062
职业	0.009	0.020	0.450	0.653	−0.030	0.048
动机	−0.019	0.017	−1.118	0.264	−0.052	0.014

Variable	Coeff	SE	t	P	LLCI	ULCI
规模	0.047	0.027	1.773	0.077	−0.005	0.100
ET	0.643	0.059	10.988	0.000	0.528	0.758
EO	0.398	0.052	7.590	0.000	0.295	0.501
DE	0.044	0.030	1.501	0.134	−0.014	0.102
DE×EO	0.143	0.042	3.437	0.001	0.061	0.225

由表 5-48 可知，对于动态性环境的调节效应，P = 0.001，差异具有统计学意义，认为动态性在创业机会和创业成功之间具有正向调节作用。对于中介的调节作用估计值为 0.090，其 SE 为 0.026，95% 置信区间为（0.040，0.141）未跨过 0，表明对中介的调节作用存在，即环境动态性正向调节创业机会对创业者特质与创业成功的中介作用。假设 H6a 得到验证。

3. 环境敌对性正向调节创业机会与创业者特质和创业成功之间的中介作用

对于敌对性环境的调节效应，P = 0.087>0.05，差异无统计学意义，认为敌对性环境对创业机会中介作用无调节效应。假设 H6b 不成立（见表 5-49）。

表 5-49　环境敌对性正向调节创业机会与创业者特质和创业成功之间的中介作用

Variable	Coeff	SE	t	P	LLCI	ULCI
Constant	0.849	0.254	3.347	0.001	0.351	1.347
性别	0.064	0.051	1.265	0.207	−0.036	0.164
年龄	−0.015	0.024	−0.642	0.521	−0.061	0.031
学历	0.016	0.025	0.653	0.514	−0.033	0.066
职业	0.017	0.020	0.859	0.391	−0.022	0.055
动机	−0.019	0.017	−1.132	0.258	−0.053	0.014
规模	0.046	0.027	1.699	0.090	−0.007	0.099
ET	0.638	0.060	10.631	0.000	0.520	0.756
EO	0.409	0.054	7.518	0.000	0.302	0.516
HE	−0.050	0.027	−1.847	0.065	−0.103	0.003
HE×EO	0.056	0.033	1.714	0.087	−0.008	0.121

5.5 研究结果

1. 验证性模型

由图 5-9 可知，创业者社会特质包含四个维度，分别为创业警觉、自我效能感、先前经验、社会资本；创业机会包含三个维度，分别为机会识别、机会开发、机会发展；创业成功包括两个维度，分别为企业组织绩效和创业者职业成功；创业环境不确定性包括两个维度，分别为动态性和敌对性。创业者社会特质对创业成功有正向影响（0.788***）。创业者社会特质对创业机会有正向影响（0.724***）。创业机会对创业成功有正向影响（0.482***）。创业机会在创业者社会特质与创业成功之间起部分中介作用。环境不确定性正向调节创业机会与创业成功之间的关系（0.174***）。

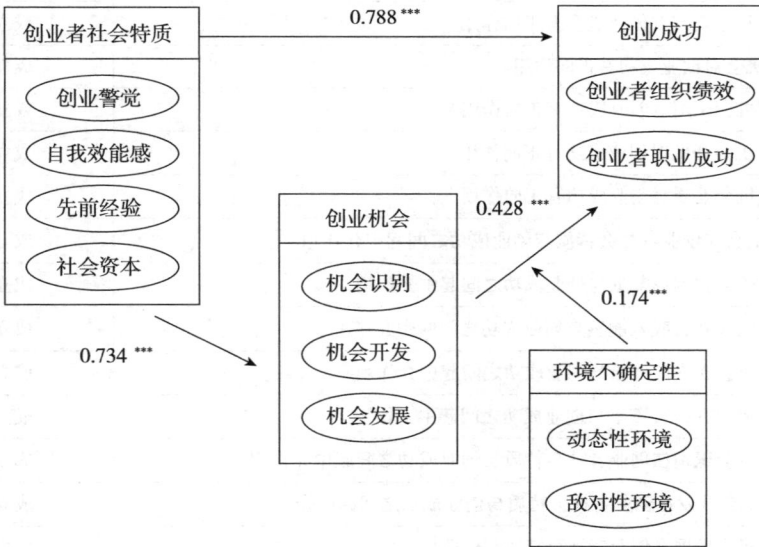

图 5-9 创业者社会特质对创业成功作用机制的验证性模型

2. 研究假设结果汇总

表 5-50　研究假设结果汇总

研究假设	结果
H1 创业者社会特质对创业成功有正向作用	成立
H1a 创业警觉对创业成功有正向作用	成立
H1b 创业自我效能感对创业成功有正向作用	成立
H1c 先前经验对创业成功有正向作用	成立
H1d 社会资本对创业成功有正向作用	成立
H2 创业者社会特质对创业机会有正向作用	成立
H2a 创业警觉对创业机会有正向作用	成立
H2b 创业自我效能感对创业机会有正向作用	成立
H2c 创业先前经验对创业机会有正向作用	成立
H2d 创业社会资本对创业机会有正向作用	成立
H3 创业机会对创业成功有正向作用	成立
H3a 创业机会识别对创业成功有正向作用	成立
H3b 创业机会开发对创业成功有正向作用	成立
H3c 创业机会发展对创业成功有正向作用	成立
H4 创业机会在创业者社会特质与创业成功之间起中介作用	成立
H4a 创业机会在创业警觉与创业成功之间起中介作用	成立
H4b 创业机会在自我效能感与创业成功之间起中介作用	成立
H4c 创业机会在先前经验与创业成功之间起中介作用	成立
H4d 创业机会在社会资本与创业成功之间起中介作用	成立
H4e 创业机会识别在创业者社会特质与创业成功之间起中介作用	成立
H4f 创业机会开发在创业者社会特质与创业成功之间起中介作用	成立
H4g 创业机会发展在创业者社会特质与创业成功之间起中介作用	成立
H5 环境不确定性调节创业机会与创业成功之间的关系	成立
H5a 环境动态性正向调节机会识别与创业成功之间的关系	成立
H5c 环境动态性正向调节机会开发与创业成功之间的关系	成立
H5d 环境动态性负向调节渐进创新式机会开发与创业成功之间的关系	不成立
H5e 环境动态性正向调节突破创新式机会开发与创业成功之间的关系	成立
H5i 环境动态性正向调节机会发展与创业成功之间的关系	不成立
H5b 环境敌对性正向调节机会识别与创业成功之间的关系	不成立

研究假设	结果
H5f 环境敌对性正向调节机会开发与创业成功之间的关系	成立
H5g 环境敌对性负向调节渐进创新式机会开发与创业成功之间的关系	不成立
H5h 环境敌对性正向调节突破创新式机会开发与创业成功之间的关系	不成立
H5j 环境敌对性正向调节创业机会发展与创业成功之间的关系	成立
H6 环境不确定性正向调节创业机会在创业者特质和创业成功之间的中介作用	成立
H6a 环境动态性正向调节创业机会在创业者特质和创业成功之间的中介作用	成立
H6b 环境敌对性正向调节创业机会在创业者特质和创业成功之间的中介作用	不成立

5.6 本章小结

本章对调查问卷数据进行检验分析，在确认问卷数据质量达到标准后，基于问卷数据对提出的研究假设进行验证，主要内容包括以下几个方面：

首先对问卷数据的质量进行了分析，其中主要包括数据的描述性统计以及信度效度分析等，研究结果显示正式问卷得到的数据具有较好的研究质量。

其次利用得到的数据采取结构方程建模分析的方式对本次研究的假设进行验证。通过验证，发现创业者社会特质及其四个维度：创业警觉性、自我效能感、先前经验、社会资本以及创业机会及其维度：创业机会识别、创业机会开发均能够促进创业成功。创业机会在创业者社会特质与创业成功之间起部分中介作用，创业机会也在创业者社会特质四个维度与创业成功之间起部分中介作用，创业机会的三个维度，即创业机会识别、机会开发和机会发展也都在创业者社会特质与创业成功之间起部分中介作用。

最后分析创业环境不确定性的调节效应。通过 PROCESS3.5 进行分析，检验环境不确定性在创业机会和创业成功之间的调节作用，结果表明，环境不确定性正向调节创业机会与创业成功的关系，环境动态性正向调节机会识别与创业成功、机会开发与创业成功、突破创新式机会开发与创业成功的关系；环境敌对性正向调节机会开发与创业成功、机会发展与创业成功的关系。环境不确定性正向调节创业机会在创业者特质和创业成功之间的中介作用，环境动态性正向调节创业机会在创业者特质和创业成功之间的中介作用。

但是，假设 H5d：环境动态性负向调节渐进创新式机会开发与创业成功之间的关系；H5i：环境动态性正向调节机会发展与创业成功之间的关系；H5b：环境敌对性正向调节机会识别与创业成功之间的关系；H5h：环境敌对性正向调节突破创新式机会开发与创业成功之间的关系；H5g：环境敌对性负向调节渐进创新式机会开发与创业成功之间的关系；H6b：环境敌对性正向调节创业机会在创业者特质和创业成功之间的中介作用，未得到数据的验证。

第6章 研究结论、启示及研究展望

本章主要对前文的理论研究和实证分析进行归纳总结，分析解释本书的研究结论，并探讨其对理论研究与实践活动的启示，为促进创业成功提供可行的参考与建议。最后，分析本研究的局限性，展望未来研究。

6.1 研究结论

本书以创业者为研究对象，以创业相关理论、人职匹配理论等为理论基础，结合访谈情况，提出创业者社会特质的概念及维度，在明晰创业过程的基础上，对创业机会进行了维度划分，然后构建了创业者社会特质—创业机会—创业成功之间的研究模型，并将创业环境不确定性变量加入模型并分析其调节效应，通过对调查数据的深入分析，验证创业者社会特质对创业成功的作用机制，基于此得到了本书的研究结论：

（1）通过实现"人—机匹配"促进创业成功

人职匹配理论认为职业选择应实现人的因素（人格特征、能力倾向、兴趣爱好、价值观念等）与职业因素（工作上要取得成功所必须具备的条件或资格）相匹配，人职匹配则可以促进个体的职业成功。创业是创业者的一种职业选择，创业过程中的人职匹配包括以下两个层面：第一，个体是否适合创业，即创业者的人格特征、能力倾向、兴趣爱好、价值观念等是否适合创业。如果个体适合创业，则实现了第一个层面的匹配；第二，人—机会是否匹配，即创业者人格特征、能力倾向、兴趣爱好、价值观念、目标追求等是否与所选择的机会因素（包括机会特征、时间窗口、所属领域、经济性价值、非经济性价值等）相匹配。如果这两个层面都匹配了，那么创业过程就实现了人职匹配。本书假设创业者已实现了第一个层面的匹配，因而，创业过程中要努力实现"人—机匹配"。"人—机匹配"要求创业者选择和自己人格特征、能力倾向、兴趣爱好、价值观念、目标追求等相匹配的机会创业，做自己喜欢的擅长的有价值的创业工作。在"人—机匹配"的情况下，创业者在兴趣爱好的驱动下工作动力更足，工作效率更高，创业绩效会更好，创业满意度也会更高，创业成功概率更大。

（2）创业者社会特质包含创业警觉、自我效能感、先前经验和社会资本四个维度

本书构建、验证了创业者社会特质的四个维度：创业警觉、自我效能感、先前经验和社会资本。首先，在对创业者特质相关研究的文献分析基础上，结合对创业者的访谈情况，从人的社会化视角出发提炼出创业者社会特质的四个维度。创业者在其社会化过程中，需要和外界进行信息交换，社交互动，从而形成带有社会化过程印记的区别于非创业者的社会化属性，我们将这些社会化属性称为创业者的社会特质。与强调先天遗传的个体特质相比，这些特质具有相对稳定性和一定的发展性，可以在创业者的学习、工作、生活等社会化过程中得到培育和发展，对创业者的行为及创业结果具有深远的影响，对创业成功具有更大的意义。这些特质涉及创业者的市场敏锐性、创业自信心、创业知识和能力的积累以及创业者的社会网络和信誉等，因而，将创业者社会特质的维度概括为：创业警觉、自我效能感、先前经验与社会资本。创业者的这些社会特质有助于创业者洞察市场，识别创业机会，获取创业资源，克服创业障碍，最终促进创业成功。其次，利用调查数据对这四个维度进行验证。其中，先是对预调研得来的 125 份调查数据从上述四个方面进行检验，并且在因子分析的过程中，剔除不合理题项，并进一步优化相关题项，以保证调查结果的有效性。然后对正式的调查数据进行统计分析、信度效度分析、验证性因子分析，数据分析的结果具有一定的代表性，较为准确地反映了创业者社会特质的特征以及结构，创业者社会特质包含创业警觉、自我效能感、先前经验和社会资本四个维度得到验证。其中，创业者社会特质包括创业警觉、自我效能、先前经验三个维度与周键（2017）的研究结论大体一致。

（3）创业者社会特质及各个维度对创业成功均产生正向作用

实证结果表明，社会特质及其四个维度均会对创业成功产生正向作用，这验证了假设 H1、H1a、H1b、H1c 和 H1d。本书的研究为成功创业指明了有效路径，这给了我们创业启示：首先，对创业者而言，积极培育（发展）自己的创业警觉、自我效能感、先前经验和社会资本能够促进创业成功。其次，对创业培训机构来说，在培养创业人才的过程中，要更加关注创业者社会特质的培育，多开设体验式课程，搭建创业实践平台，引导学生培育和发展自身的社会特质。最后，创业者社会特质与创业成功之间的关系获得创业实践

数据的支持，这既开启了创业特质理论研究的新视角，推动了特质理论的深入发展，也为创业实践提供了行动依据。

（4）创业机会在创业者社会特质与创业成功之间产生部分中介作用

通过 AMOS24.0 构建潜变量的中介模型，结合 Bootstrap 分析法，验证创业机会在社会特质与创业成功之间的部分中介效应。创业者社会特质及其维度对创业机会产生正向作用，而创业机会及其维度又对创业成功产生正向作用。因而，提升创业者的创业机会能力（包括机会识别、机会开发和机会发展能力），能增强创业者社会特质对创业成功的促进作用。本部分包括的具体结论有：

第一，创业机会可划分为机会识别、机会开发、机会发展三个维度。本书从创业过程的动态视角出发，认为创业机会是潜在市场需求被识别被实现的可能性过程，是实现创业目的的可能性手段的动态演变，是"目的—手段"（Means-End）关系的动态发展。机会也有生命周期，根据其不同的生命阶段，将创业机会划分为机会识别、机会开发、机会发展三个维度。创业机会识别是通过对创业环境、机会特征、创业者需求及条件（特质、资源和能力）的反复权衡比较，以实现创业机会的客观属性与创业者的自身需求及条件相匹配的机会发现或创造过程，是基于对创业想法潜在价值和可行性的认知，将创业想法转变为切实可行的商业概念的过程，这既是机会认知过程，也是一个创业构想过程。创业机会识别又可进一步细分为价值性识别和可行性识别。价值性识别又包括经济性价值识别和非经济性价值识别。其中用价值性识别替代以往研究的盈利性识别，以突出机会的非经济性价值。经济性价值识别也称盈利性识别，主要从市场规模、成长潜力、利润获得等方面来识别机会的价值。非经济性价值识别则更多的是创业者对机会的一种主观的价值认同，涉及的是机会对创业者的非物质需求的满足程度，包括情怀的追求、价值的实现、社会担当等多个方面。价值性识别关注的是创业者创业追求、创业目标和机会潜在价值（包括经济性价值和非经济性价值）的匹配。可行性识别关注的是创业者特质、资源、能力与机会的因素（时间窗口、开发方式等）的匹配。创业机会开发是创业者利用各种可控资源将商业概念转化为市场中的产品或服务并从中获取利润的战略行为，是将商业概念转化为创业实践并创建企业的过程。创业机会发展是指企业创建之后的运营管理。新企业的建立并不意味着创业的成功，新企业创建之后还需继续加强组织管理，兑现创业承诺以对机会进行深度挖掘和利用，或者根据市场环境的变化做出战略调整，寻求新的发展机会，从而使得新创企业持续不断地成长和发展，最终获得创业成功。

第二，创业机会在创业者社会特质与创业成功之间的部分中介作用得到验证。

创业者社会特质及其维度对创业机会具有显著的正向作用，假设 H2、H2a、H2b、H2c、H2d 得到验证。创业机会及其各维度对创业成功具有显著的正向作用，假设 H3、H3a、H3b、H3c 得到验证。创业机会在创业者社会特质及其各维度与创业成功之间的中介作用显著，假设 H4、H4a、H4b、H4c、H4d 得到验证。创业机会及其各维度在创业者社会特质与创业成功之间的中介作用显著，假设 H4a、H4e、H4f、H4g 得到验证。创业机会在创业者社会特质对创业成功的影响中存在显著的中介效应，中介占比为 30.7%。创业机会的部分中介效应得以验证。

（5）创业者社会特质促进创业成功的路径解读

创业者社会特质及其四个维度都会对创业成功产生促进作用。这种促进作用主要体现在以下两个方面：①提升新创企业绩效，促进新创企业的成长和发展；②提高创业者的创业满意度。创业者社会特质通过促进新创企业的组织绩效和创业者的创业满意度的提升来促进创业成功。这种促进作用一方面可以从社会特质自身特性的角度进行解释，另一方面可以从创业机会的角度进行解释。

首先，从创业者社会特质自身特性角度分析。创业警觉代表着创业者对市场信息、市场行为的敏感性程度，也代表着创业者的信息搜寻能力和价值发现能力及商业构想能力，可以帮助创业者获取他人难以发现的有价值的信息，发现现有资源的特殊价值，推动价值创造，促进创新，从而提升新创企业绩效，推动新创企业成长和发展。可见，创业警觉通过促进创新来提升新创企业绩效并促进创业成功。创业自我效能感反映创业者完成特定创业任务，实现创业目标的自信程度，往往给予创业者尝试和创新的勇气和信心，也能激发创业者走出困境的坚定与执着。创业自我效能感通过影响创业者的创业动机、创业目标设定和面对创业障碍的态度来影响创业行为和创业结果。自我效能感能够为创业者提供创业动机（任胜钢，2015），这种动机直接影响创业者的创业选择和对待创业活动的态度，同时能够对创业者的能力发挥和创业结果进行预测（Liu Qigui，2013）。创业自我效能感强的创业者，往往更容易产生强烈的创业动机和创业意愿，在强烈动机的驱动下，创业者往往设定更高的创业目标，投入更多的时间、精力和激情全力以赴地创业，其个人潜能得到最大限度的发挥，这有助于新创企业绩效的提升。创业自我效能感体现了创业者的创业自信和自我认同，会直接影响创业者的创业心态和对创业成功的理解与把握，自我效能感强的人，在面对困难，遭遇困境时往往能乐观坚定地去克服困难，摆脱困境，执着不懈地走向成功。此外，创业者的自我效能感正向影响企业成长发展过程中外部支持的获得（秦剑，2013），外部支持的获得不仅能够直接增加初创企业的资金来源，同时也能够为创业者带来强烈的创业成功暗示，增强创业者对于自我创业能力的认可，从而投入更多精力来经营创业企业。这种良性循环必然促进新创企业发展和创业满意度的提升。可见，创业自我效能感能够对创业成功产生促进作用。先前经验代表创业者创业前的相关知识和技能的积累情况，它能帮助创业者获取更多的所处领域的信息和知识，从而更好地把握行业发展动态、工作要点和难点，对创业成功具有促进作用。这主要体现在以下三个方面：①创业经验能够帮助创业者避免创业陷阱；②管理经验能够帮助创业者提升新创企业内部运营效率；③行业经验可以有效地帮助创业者获得相关信息以及资源。社会资本代表创业者从自身的社会网络关系中获取资源和利益的能力，包含创业者的社会网络关系、社会声誉和社会技能。社会技能指的是创业者利用自身社会网络关系和社会声誉的能力。社会资本可帮助创业者获得信息优势和关键性资源，降低沟通成本和交易成本，提高社会影响力，构建新创企业竞争优势，从而促进创业成功。

其次，从创业机会的角度分析。创业者的社会特质会直接正向影响创业机会（识别、开发、发展），而创业机会又会直接正向影响创业成功，创业机会在创业者社会特质和创业成功之间发挥中介作用。具体分析如下：

创业警觉对创业机会产生正向影响。第一，创业警觉促使创业者发现、解释、组织与新机遇相关的各种知识领域的信息，这有助于创业者获取充分的信息，发现信息背后的价值，理解如何发现和追求新想法，从而提升机会发现能力和商业构想能力，最终促进创业者对创业机会的识别。第二，创业警觉对创业机会开发的促进作用体现在以下三个方面：一是机会开发的时间上，创业警觉性能促进创业者早于他人识别机会，从而先于他人抢占开发市场的时机，获得机会开发的先动优势。二是关键资源的获取上，创业警觉性能够帮助创业者获得更为广泛充分的有价值的信息，进而获取创业所需关键性资源，从而提升机会开发过程中的资源整合能力。三是创新行为上，创业的本质是创新，在市场的敏锐性、信息搜寻和价值发现能力的共同作用下，创业者的商业构想能力将得以提升，这将促进资源的创造性整合和创新行为的产生，最终促进创业机会的开发。第三，创业警觉对创业机会发展的促进作用可从创业警觉的四个维度来分析。创业警觉包括兼顾思维、探索侦查、打破常规、不断改进四个维度（Li，2004），兼顾思维涉及整体思考，统筹安排，这有利于创业运营管理中统筹安排，合理配置资源，平衡各种关系；探索侦查涉及的是信息的搜寻与甄别，这有利于创业者更广泛地获取有价值的信息，洞察市场环境和市场行为，识别环境中的机会与威胁，从而为其科学决策提供依据；打破常规、不断改进涉及的是发展与创新，这既包括对创业运营管理中的产品、技术、管理方式、工作流程等方面的改进与创新，也包括战略目标和经营思路的调整。常规企业日常管理的改进与创新能够提高企业运营管理效率，实现原有机会的深度挖掘和充分利用，战略目标和经营思路的调整实际上是对新机会的追寻，是新创企业突破发展瓶颈，实现可持续发展的必要选择。可见，创业警觉既有利于新创企业内部管理的改进与创新从而提升企业内部管理效率，又有利于运营管理过程中战略目标和经营思路的调整从而实现动态环境下对新机会的追寻。可见，创业警觉能够促进创业机会发展。综上所述，创业警觉对创业机会产生正向影响。

自我效能感对创业机会产生正向影响。自我效能感常被视为一种特殊的创业动机，它影响着创业者的态度，促使创业意愿产生，在创业意愿的驱动下，创业者将投入更多的精力去搜寻和创业机会有关的信息，并发掘信息背后的价值，以识别创业机会。此外，创业自我效能感还通过创业者的风险感知来影响创业机会的识别。自我效能感强的人往往拥有较高的期望值和积极的情绪，忽略一些微小的风险从而更加大胆地识别出合适的创业机会；反之，自我效能感弱的创业者会因为缺乏创业自信，高估一些微小的风险而对机会评估不当，错过一些好的创业机会。可见，创业自我效能感对创业机会的识别有正向作用。创业自我效能感强的人，往往更容易看到创业机会中良好的发展前景，开发创业机会的概率也就更高。自我效能感强的创业者往往设立较高的创业目标，持久性地投入更多的时间、精力与资源，全力以赴地开发机会、发展机会。特别是，当遇到困难，遭遇失败后，自我效能感强的创业者往往更能坚定信念，百折不挠地继续投入时间、精力、资源，想方设法地改变不良境遇，比如重新整合资源，调整发展战略和经营思路，改进组织管理方式和工作流程，改善内部关系，以有效开发原有创业机会、抢先开发新的创业机会。可见，自我效能感不但能促进创业机会的识别，还能促进创业机会的开发和发展。

先前经验对创业机会产生正向影响。先前经验影响创业者对新信息的理解、判断和解释，增强多变环境下创业者的决策能力，使其能够更加敏锐地获取有价值的信息，更加准确地评估市场价值及顾客需求，从而促进其对机会的识别。先前经验对创业机会开发的促进作用体现在以下三个方面：第一，提升不确定性环境下开发创业机会的决策能力。第二，增加创业机会开发的概率。第三，促进创业投入。先前经验对创业机会发展的促进作用体现为：创业经验和管理经验可以帮助创业者把握创业运营管理过程中的核心要素、关键环节，提升运营管理水平。行业经验一方面能够帮助创业者集聚社会资源，提高新创企业的企业管理效率；另一方面有助于创业者把握行业中的新机会，基于"痛点"追求创新发展，使得企业的战略决策水平始终位于行业前列。可见，先前经验对创业机会产生促进作用。

社会资本对创业机会产生正向影响。社会资本有助于创业者得到关键性的、特殊性的信息以及创业资源，提升认知水平和创业资源方面的自信。创业者认知水平的增强有利于创业者对创业环境中客观信息、机会特征和创业者自身条件（需求、特质、资源、能力等）的认知与评估，这能够促进创业机会的感知，发现或创造，而对创业资源方面的自信能够影响创业者对创业机会可行性的评估，避免因过分担心创业风险而错失机会，从而帮助创业者更好地评估创业机会，因此，社会资本能够促进创业机会识别。社会资本对创业机会开发的促进作用主要体现在以下三个方面：一是提升决策质量；二是帮助整合资源；三是降低交易成本。社会资本对创业机会发展的促进作用主要体现在：发达的网络关系，不但给创业者带来信息优势和资源获取途径，还通过多样化的信息给创业者以创业决策视角上的启迪，这既有利于常规的日常管理，也能促进组织管理的创新与发展。创业者良好的信誉，能够树立创业者在员工心目中的良好形象，使其成为员工学习的榜样，使得员工心甘情愿地追随创业者，进而实现对员工的有效激励和领导。可见，社会资本对创业机会具有正向作用。

创业机会对创业成功产生促进作用，主要体现在以下三个方面：第一，创业机会识别通过价值性识别和可行性识别两个维度共同促进创业成功。创业机会识别的目的就是要识别出创业机会的价值性和可行性，并实现"人—机匹配"，而"人—机匹配"可以促进创业成功。根据期望理论，创业机会对创业者的激励作用=创业机会的价值性×可行性。当创业者认为创业机会的价值性和可行性都很强时，创业者受到强烈的激励作用，心甘情愿地、自发自觉地、全力以赴地开展创业活动，促进创业成功。第二，将机会开发划分为突破创新式机会开发和渐进创新式机会开发，这两种方式均能对创业成功产生正向作用。第三，从组织管理、战略管理以及创业承诺等角度分析创业机会发展对创业成功的影响。组织管理影响着新创企业的内部运作效率，战略管理影响着新创企业对新机会的追寻，创业承诺影响着创业者克服创业障碍的态度。创业机会发展要求新企业创建之后还需继续加强组织管理，兑现创业承诺以对机会进行深度挖掘和利用，或者根据市场环境的变化做出战略调整，寻求新的发展机会，从而推动新创企业持续不断地成长和发展，进而促进创业成功。

综上所述，创业者社会特质通过创业机会的中介作用来促进创业成功。

（6）创业环境不确定性调节创业机会与创业成功的关系

将创业环境分为动态性、敌对性两个维度，并从这两个维度出发，利用PROCESS3.5进行分析，检验环境不确定性在创业机会和创业成功之间的调节作用，研究结果如下：

第一，环境不确定性的调节效应。

环境不确定性正向调节创业机会与创业成功之间的关系，假设H5得到验证。也就是说，环境不确定性增强了创业机会对创业成功的促进作用，越是在不确定性环境下，创业机会对创业成功的促进作用越大，这就启示我们，提升创业机会相关能力可以更好地应对不确定性环境。

第二，环境动态性的调节效应。

一是动态性增强了创业机会对创业成功的正向关系。这就告诉我们，不要拒绝动态的环境，提升创业机会相关能力能更好地应对、利用动态环境。动态的环境意味着旧格局打破新格局的形成，市场出现了重新洗牌的机会，创业者可以克服稳定环境下的后发劣势，有机会在动态的环境中和先进入市场的企业家站在同一条新的起跑线上展开竞争。

二是环境动态性正向调节创业机会识别与创业成功的关系，假设H5a得到验证。也就是说，环境动态性增强了创业机会识别对创业成功的作用，越是在高水平的动态性环境中，创业机会识别对创业成功的促进作用越大。因为越是动态的环境下，创业机会也越多，面对众多的创业机会，如果创业机会识别能力强，从而识别一个"最具价值"又可行性的机会，这就为创业成功提供了更大的可能性，也必然驱动创业者全力以赴地去创业，进而促进创业成功。这就启示我们，应从变化中去寻求机会，这与Drucker（1985）的观点一致，且使他的观点得到实践数据的支持。提升创业机会识别能力可以更好地应对环境的动态变化。

三是环境动态性正向调节创业机会开发与创业成功之间的关系，假设H5c得到验证。环境动态性增强了创业机会开发对创业成功的作用，这也启示我们，应努力提升创业机会开发能力，提升创业机会开发能力能更好地应对动态性环境。

四是环境动态性正向调节突破创新式机会开发与创业成功的关系，假设H5e 得到验证。也就是说，环境动态性增强了突破创新式机会开发对创业成功的促进作用。这启示我们，在动态性水平高的环境中，应采用突破创新式的机会开发方式，根据环境的实际变化，提供全新的产品和服务、开辟全新的市场往往能促进创业成功。

但是，有两个假设未得到调查数据的支持。

假设 H5d，即环境动态性负向调节渐进创新式机会开发与创业成功之间的关系没有得到调查数据的支持。这可能是因为渐进创新式机会开发并非完全的模仿式开发，而是有创新，只是创新程度不高，因其产品和服务是对原有产品和服务的改进、优化，也有一定的竞争力，因而可在一定程度上避免敌对性环境中的同质化竞争，动态性环境下的轻易淘汰。这一研究结果，与张宝文（2019）的相关研究结果大体一致。

假设 H5i，即环境动态性正向调节创业机会发展与创业成功之间的关系，没有得到验证。这可能与本研究的调查对象有关，本研究的调查对象均为成立 8 年以内的小微企业，从企业规模来看，94.7%的企业为 100 人以下的企业，73.1%的企业人数不足 50 人，从经营年限来看，67.4%的企业经营年限在三年以内。创业机会发展既是对原有机会的深度挖掘和充分利用又是新的市场环境下对新机会的追寻。但是对于新创的小微企业来说，其重点还应是对原有机会的充分利用，而不是一味地追求新机会。而对原有机会的充分利用更多地依赖于创业者的企业管理能力和创业承诺能力，而环境的动态性是对这两种能力的挑战，因而，假设未得到数据的支持。下一步，可对创业机会、企业规模、企业经营年限之间的关系做更深入的研究。

第三，环境敌对性的调节效应。

一是环境敌对性正向调节创业机会与创业成功的关系，假设 H5b 得到验证。环境敌对性增强了创业机会对创业成功的促进作用，越是在敌对性的环境中，越要重视创业机会，通过提升创业机会相关能力来应对敌对性环境，促进创业成功。

二是环境敌对性正向调节创业机会发展与创业成功的关系，假设 H5j 得到验证。环境敌对性增强了创业机会发展对创业成功的促进作用，越是在敌对性的环境中，越要重视创业机会发展，努力提升企业的日常管理能力，增强创业承诺，寻求创新发展，进而促进创业成功。

此外，也有几个假设未得到调查数据的验证。H5b：（环境敌对性正向调节创业机会识别与创业成功之间的关系）、H5h（环境敌对性正向调节突破创新式机会开发与创业成功之间的关系）、H5g（环境敌对性负向调节渐进创新式机会开发与创业成功之间的关系）。可见，环境敌对性不利于创业成功。这就启示我们，创业开始之前，应主动选择宽松友好的创业环境，远离敌对性水平高的创业环境；在创业过程中，如处在高水平的敌对性环境下，新创企业应以静制动，采取收缩战略，保存实力，蓄势待发，择机而发。

（7）创业环境不确定性调节创业机会对创业者社会特质与创业成功的中介效应

按照 Preacher 和 Hayes（2004）提出的 Bootstrap 检验方法，运用 PROCESS3.5 程序对有调节的中介效应进行了检验。假设 H6 得到验证，即环境不确定性正向调节创业机会对创业者特质与创业成功之间的中介作用。假设 H6a 得到验证，即环境动态性正向调节创业机会与创业者特质和创业成功之间的中介作用。假设 H6b，即环境敌对性正向调节创业机会在创业者特质和创业成功之间的中介作用，未得到数据的验证。

6.2 研究启示

当前创业热情高涨，但创业成功率较低，如何更好地促进创业成功是一个值得重点研究的课题。本书揭示了创业者社会特质对创业成功的作用机制，认为创业者社会特质及其维度会对创业成功产生重要的促进作用。一方面，创业者的社会特质及其四个维度直接正向影响创业成功；另一方面，会通过创业机会及其三个维度的中介作用来促进创业成功。可见，提升创业者的社会特质和机会能力都能够促进创业成功。此外，创业环境不确定性对创业机会与创业成功之间的关系具有调节效应，对创业机会在创业者社会特质与创业成功之间的中介作用也有调节效应。本书的结论，对如何促进创业成功、利用创业环境具有重要的启示。

（1）对创业者的启示

本书揭示了成功创业的路径，对创业者开展创业，实现创业成功具有重要启示：积极培育自身的社会特质和机会相关能力以提高创业成功的可能性；通过实现创业者和机会的匹配来促进创业成功；主动到动态性环境中去实现创业梦想，创新变革，积极应对环境的不确定性。

第一，创业者要积极培育自身的社会特质和机会相关能力以提高创业成功的可能性。创业者社会特质及其四个维度均会正向影响创业成功。创业机会及其三个维度：机会识别、机会开发、机会发展也会促进创业成功。可见，创业者社会特质及其各维度，以及创业机会及其各维度都会促进创业成功，因而，对创业者来说，可以通过培育自身的社会特质（创业警觉、创业自我效能感、先前经验、社会资本），培养创业机会（识别、开发、发展）相关能力来提高创业成功的可能性。培育创业者社会特质可从以下几个方面着手：①培养自身的创业警觉，不断地发现创业机会，积极地寻找空白或者有潜力的发展市场。②多参加创业实践活动，积极反思和提升自我，经常给自己成功的心理暗示，有意识地增强自身的创业自我效能感。③有意识地进行自我经验的积累，参与到实际的创业或者培训中，利用这种方式为后续的创业打下坚实的基础。④多途径积累社会资本。积极构建社会网络，扩大社会交往范围，重点打造相关领域的社会交往圈子，与关键性人物保持密切联系；加强自身修养，提升自身素质与人格魅力，讲诚信重情义，树立良好的社会形象与声誉；不断提升社会交往能力，积极参与相关社会活动，提高社会影响力、知名度和美誉度；多体悟多学习，提升信息获取和分享能力以及利用社会网络和自身声誉整合资源的能力。

第二，通过实现创业者和机会的匹配来促进创业成功。研究结果表明，价值性识别和可行性识别是实现创业者和机会匹配的两个重要方面。价值性识别是对创业者创业需求与机会潜在价值是否匹配的认知，可行性识别是对创业者资源、能力等条件与机会的客观属性是否匹配的认知。实现创业者和机会的匹配的前提是对创业者自身因素和机会因素都有客观的科学的认识，这就要求创业者客观认识、评估自身因素，同时，又要多做市场调查，多总结，形成自己独特的机会原型以实现对机会的客观科学的认识。实现创业者和机会匹配，一方面，创业者应选择和自身相匹配的创业机会进行创业；另一方面，创业者也可在开发创业机会的过程中发掘与培育所需社会特质、所需资源以实现创业者与创业机会的匹配。

第三，主动到动态性环境中去实现创业梦想。本书的研究结果显示，外部环境的动态性增强了创业机会识别对创业成功、创业机会对创业成功的促进作用，越是在动态性环境下，创业机会识别对创业成功的促进作用越大，创业机会对创业成功的促进作用越大。这启示创业者，一方面，提升创业者机会相关能力，刻不容缓；另一方面，应正确面对变化，从变化中寻求机会，并充分利用变化，以促进创业成功。不要拒绝动态的环境，因为动态的环境意味着旧格局的打破新格局的形成，市场出现了重新洗牌的机会，创业者可以克服稳定环境下的新进入者的后发劣势，有机会在动态的环境中和先进入市场者站在同一条新的起跑线上展开竞争。对于新进入者来说，如果拥有较强的机会相关能力，动态性的环境中往往更容易成功，因而创业者应主动到动态性环境去实现创业梦想。

第四，创新变革，积极应对环境的不确定性。研究结果表明，创业环境的动态性和敌对性均对突破创新式机会开发与创业成功之间的关系产生正向调节作用，这启示我们，在动态性水平高的环境中或在敌对性水平很高的环境中，应采取创新程度更高的突破创新式的机会开发方式，提供新的产品和服务、开辟新的市场进而促进创业成功。不确定性环境中，创新才有发展。

（2）对创业企业的启示

对于创业企业，应当重视并提供条件发掘、培育创业者社会特质。既有研究发现，新创企业在创建初期制度不够完善，企业的管理职能更多地依赖创业者，因此创业者需要进行相应的活动获取企业发展中的稀缺资源，获取有价值的信息，克服企业发展的障碍，推广企业产品，提高企业知名度，进而推动企业的稳步发展，而这同时有利于增强创业者的社会特质，因而，创业企业要学会"借力打力"，在创业企业的发展完善中积极发展自身团队的社会特质。新创企业可通过一系列的措施激励创业者全身心地投入工作，保持对市场的高度敏锐性，鼓励不一样的发现以提高创业者的创业警觉。多途径提升创业者的创业能力从而提升创业者的自我效能感。帮助创业者拓展社会网络，树立良好形象，并积极宣传报道，以提高创业者的社会资本。此外，新创企业可以招聘具有更强社会特质的个体加入团队中，利用这种方式帮助创业人员获取相应的特质。

（3）对政府部门的启示

对于政府部门而言，一方面应该设置相应的部门，采取一定措施大力倡导、支持创业者社会特质的培育；另一方面要为创业营造良好氛围。研究结果表明，创业环境的动态性增强了创业机会识别对创业成功、创业机会对创业成功的正向调节效应。这就启示我们，应适当增加创业环境的动态性，以激发创业活力，促进创业成功。政府部门或者相关的创业支持机构应该建立合理的发展政策，营造一定的动态性环境，以酝酿更多的创业机会，提供更有活力的创业环境，从而促进创业成功。此外，政府有必要为创业者建立顺畅的信息沟通机制。比如，通过建立联盟的形式增强创业者之间的沟通以及交流，增强信息共享以及流动的速度，最大限度地发挥环境动态性的积极影响，为后续机会识别及创业成功创造条件。此外，敌对性环境对创业成功产生负向作用，应尽可能地创造宽松友好的创业环境，以促进创业成功。

（4）对教育培训机构的启示

本研究还为创业教育提供了新的启示。本书研究表明创业者社会特质及其各维度、创业机会及其各维度对创业成功都有促进作用，这为创业教育提供了新的启示，各高校和创业教育培训（孵化）机构，应通过开设课程、搭建平台等多种方式，着重培育以上特质，培养创业机会相关能力。

6.3　研究局限及展望

本研究也存在一些不足之处，主要体现在以下几个方面：

第一，核心构念的测度问题。本研究对量表测量问题进行了研究，对于后续的相关研究具有借鉴意义。实证研究中，量表的选择非常的重要，直接影响研究结果。但量表的选择往往与研究者对涉及的核心构念的理解密切相关，不同的人对核心构念的理解不同，因而对其测度也会不同。本研究尽量追求全面、合理、准确的描述、理解相关概念，但基于认知上的差异，难免会有偏颇。比如，对创业成功这一构念的测量，主要从创业绩效和个人职业成功两个维度进行测量，创业绩效测量的过程中利用对应的财务指标，个人的职业成功采取非财务指标，同时本次研究的量表在设计的过程中，其中大部分的测量工具来源于国外的成熟量表，并且采取预测试的方式排除其中的不合理题项，可以更加有效地保证分析结果的准确性。但是由于文化以及语言方面的差异，因此最终数据的准确性以及测量有效性可能受到一定的影响。

第二，本书从职业匹配的视角探讨创业者社会特质对创业成功的影响，主要是对创业者个体进行研究，但有研究认为，创业者不仅仅是个体概念，也是团队化概念。与个人相比，创业团队往往对创业活动具有更大的意义。因而，以团队特质的方式来研究创业成功将是一个新的视角，在未来的研究中，可以创业团队作为研究对象，重点关注创业团队特质的生成及其对创业成功的作用机理，进而拓展本研究。

第三，一些研究假设未得到调查数据的支持，比如，假设H5i（环境动态性正向调节创业机会发展与创业成功之间的关系）没有得到调查数据的支持，这可能与当前调查对象主要是经营年限较短、企业规模较小的小微企业有关。创业机会发展既是对原有机会的深度挖掘和充分利用又是新的市场环境下对新机会的追寻。但是对于新创的小微企业来说，其重点还应是对原有机会的充分利用，而不是一味地追求新机会。而对原有机会的充分利用更多地依赖于创业者的企业管理能力和创业承诺能力，而环境的动态性是对这两种能力的挑战，因而，假设未得到数据的支持。下一步，可对创业机会发展、企业规模、企业经营年限之间的关系做更深入地研究。

参考文献

［1］蔡莉，单标安．中国情境下的创业研究：回顾与展望［J］．管理世界，2013（12）：160-169.

［2］蔡莉，葛宝山，朱秀梅，等．基于资源视角的创业研究框架构建［J］．中国工业经济，2007（11）：96-103.

［3］蔡莉，汤淑琴，马艳丽，等．创业学习、创业能力与新企业绩效的关系研究［J］．科学学研究，2014，32（8）：1189-1197.

［4］蔡卫星，胡志颖，何枫．政治关系、风险投资与IPO机会——基于创业板申请上市公司的经验分析［J］．财经研究，2013（5）：51-61.

［5］陈海涛．创业机会开发对新创企业绩效的影响研究［D］．长春：吉林大学，2007.

［6］陈建安，陈瑞，陶雅．创业成功界定与测量前沿探析及未来展望［J］．外国经济与管理，2014，36（8）：3-13.

［7］陈收，潘志强．环境不确定性对竞争战略与企业绩效关系的调节效应［J］．中国科技论坛，2014（2）：57-64.

［8］陈思思．创业者特质、创业环境对创业意愿影响的研究［D］．长沙：中南大学，2012.

［9］陈巍，尹苗苗，蔡莉．新创企业社会网络对知识获取影响的内在机理研究［J］．情报科学，2010，28（4）：616-619.

［10］陈熹，范雅楠，云乐鑫．创业网络、环境不确定性与创业企业成长关系研究［J］．科学学与科学技术管理，2015（9）：105-116.

［11］陈忠卫，唐根丽，钱丽．安徽省城市创业环境评价及其优化政策设计基于GEM框架的实证研究［J］．华东经济管理，2009，23（2）：9-14.

［12］戴维奇，刘洋，廖明情．烙印效应：民营企业谁在"不务正业"？［J］．管理世界，2016（5）：99-115.

［13］单标安，陈海涛，鲁喜凤，等．创业知识的理论来源、内涵界定及其获取模型构建［J］．外国经济与管理，2015，37（9）：17-28.

［14］单标安，蔡莉，鲁喜凤，等．创业学习的内涵、维度及其测量［J］．科学学研究，2014，32（12）：1867-1875.

［15］董保宝．创业研究在中国：回顾与展望［J］．外国经济与管理，2014，36（1）：73-80.

［16］杜运周，任兵，尹珏林．团队创业企业合法化战略与创新网络资源整合：一个综合模型［J］．科学学与科学技术管理，2008，29（12）：121-126.

［17］范钧，王进伟．网络能力、隐性知识获取与新创企业成长绩效［J］．科学学研究，2011，29（9）：1365-1373.

［18］范巍，王重鸣．创业倾向影响因素研究［J］．心理科学，2004，24（5）：1087-1090.

［19］房路生，顾颖，张晓宁．企业家社会资本与企业创业绩效关系——基于陕西省经验的实证分析［J］．生态经济（中文版），2010（4）：114-119.

［20］冯军政．企业突破性创新和破坏性创新的驱动因素研究——环境动态性和敌对性的视角［J］．科学学研究，2013，31（9）：1422-1432.

［21］葛宝山，高洋，蒋大可．Timmons 的思想演变及其贡献：对创业学的再思考［J］．科学学研究，2013，31（8）：1207-1215.

［22］郭海，沈睿．如何将创业机会转化为企业绩效——商业模式创新的中介作用及市场环境的调节作用［J］．经济理论与经济管理，2014，34（3）：70-83.

［23］郭润萍，蔡莉．转型经济背景下战略试验、创业能力与新企业竞争优势关系的实证研究［J］．外国经济与管理，2014，36（12）：3-12.

［24］郭润萍，蔡莉．双元知识整合、创业能力与高技术新企业绩效［J］．科学学研究，2017，35（2）：264-271.

［25］郭文臣，付佳，段艳楠．社会资本和人力资本对职业成功的影响：个人——组织契合的中介作用［J］．预测，2014，33（4）：15-20.

［26］侯杰泰，温忠麟，成子娟．结构方程模型及其应用［M］．北京：经济科学出版社，2004：640.

［27］胡望斌，张玉利，杨俊．同质性还是异质性：创业导向对技术创业团队与新企业绩效关系的调节作用研究［J］．管理世界，2014（6）：92-109.

［28］黄金睿．环境特性、创业网络对创业机会识别的影响研究［D］．长春：吉林大学，2010.

［29］黄勇，彭纪生．组织印记研究回顾与展望［J］．南大商学评论，2014，11（3）：119-139.

［30］李大元，项保华，陈应龙．企业动态能力及其功效：环境不确定性的影响［J］．南开管理评论，2009，12（6）：60-68.

［31］李大元．企业环境不确定性研究及其新进展［J］．管理评论，2010，22（11）：81-87.